企业创新与
大学生创新能力培养

徐 丽 著

中国原子能出版社

图书在版编目 (CIP) 数据

企业创新与大学生创新能力培养 / 徐丽著 . –– 北京：
中国原子能出版社 , 2021.6
　ISBN 978–7–5221–1439–2

　Ⅰ . ①企… Ⅱ . ①徐… Ⅲ . ①企业创新－研究②大学
生－创造能力－能力培养－研究 Ⅳ . ① F273.1 ② G640

中国版本图书馆 CIP 数据核字（ 2021 ）第 116643 号

内 容 简 介

　　创新是发展的第一动力，是企业经营最重要的品质，创新能力是企业提升竞争力的关键能力。作为人才的供给端，培养大学生的创新能力是新时代高校的重要任务。本书将从创新是什么，企业在实践中是如何创新的，企业创新需要何种人才，面向未来的教育老师该如何教，学生该如何学来培养创新能力等几个方面，全面探讨我们需要何种创新，有助于更好应对未来的机遇和挑战。本书条理清晰，逻辑严谨，内容丰富新颖，可读性强，是一本值得学习研究的著作。

企业创新与大学生创新能力培养

出版发行	中国原子能出版社（北京市海淀区阜成路 43 号 100048）
责任编辑	白皎玮
责任校对	冯莲凤
印　　刷	北京亚吉飞数码科技有限公司
经　　销	全国新华书店
开　　本	710mm×1000mm　1/16
印　　张	10.25
字　　数	172 千字
版　　次	2022 年 4 月第 1 版　2022 年 4 月第 1 次印刷
书　　号	ISBN 978–7–5221–1439–2　　定　价　70.00 元

网　　址： http://www.aep.com.cn	E–mail:atomep123@126.com
发行电话： 010–68452845	版权所有　侵权必究

引　言

创新是什么？

首先，要说明的是这不是一本写创新理论的书，而是一本整理企业创新实践并探讨创新力培育的书。笔者是一个在高校从教近10年的教师，一直致力于思考和实践如何培养学生创新能力，创作此书的目的有二：一是深受"现代创新理论之父"约瑟夫·熊彼特、"现代管理学之父"彼得·德鲁克、"颠覆性创新"理论之父克莱顿·克里斯坦森等大师著作的启发，对感兴趣领域的企业创新案例进行梳理和复盘，总结归纳创新的原因、机遇、战略、环境等，试图制作出创新的要素图谱；二是思考创新人才的培育需要怎样的要素，使得创新可以重组或成为一种生产要素，利于生产生活，而这种创新是可以培育的，所以进一步探讨带有创新思维和实践培养的教育中如何实施教与学。

作为一名标准80后，准确来讲是85后，从初中开始接触QQ、BBS、网络购物、苹果智能手机（iPhone）、人人网、微博、微信、支付宝，从卡带、CD到MP3、智能机，到小米的家电、网红直播，真正可以说是在互联网创新推动下成长的一代，深刻体会到新时代下企业创新所带来的惊人创造力和对人、社会和国家的影响和改变。

写作间隙，笔者常常感慨给自己设的"局"。创新是个很大的命题，且是影响事物发展的驱动因子，培养创新能力是及其复杂的，且很难以一个固定体系来总结；教育是个永恒的命题，教育因人而异，教育方式有很大的不确定性。把创新能力培养的教育作为写作的目的，实在是个极大的挑战。然而脑海中一直有个声音在回响："我们的创新力培养究竟应该如何开展？"作为普通高校的一名教师，应该如何在高校中实施面向未来的创新教育？很想知道答案。所以决定试着从案例出发，分行业深入研究每个案例，总结分析每个可能性，以期提供对创新教育的看法,供同行参考。

如何培养创新——创新型企业视角

20多年前的2000年,你无法想象有智能手机的出现,与家人联系可以用手机上的一个软件视频通话,可以网上购物、支付,出门不用带多少现金,甚至可以不带现金,就像科幻电影一样。随着互联网的飞速发展,人工智能、大数据的深度应用,科技使之前认为不可能的一切正在成为可能。公共自行车这种服务其实早在十几年前就已在许多大城市推广,但是加入移动支付的摩拜单车、哈啰单车让共享单车得到普及,继而还有共享汽车等许多共享产品诞生并发展。

除了制造业,还有文化领域的创新让"知识付费"成了真正的"风口"。罗振宇是中国中央电视台主持人,2008年辞职,成了自由职业者,其在2012年打造了脱口秀《罗辑思维》,后在2014年创办了北京思维造物信息科技股份有限公司(以下简称"思维造物"),旗下核心产品"得到App",截至2020年3月31日,公司在线课程数量累计达到319门,比2017年末增长了近4倍。其中,"每天听本书"覆盖2 114本图书;电子书覆盖图书达31 526本。[①]2020年9月,罗振宇创办的思维造物预披露A股IPO招股说明书,拟公开发行A股数量不超过1 000万股,占发行后股本比例不低于25%。消息一出,各大媒体纷纷报道,"知识付费"第一股要上市了。上课是一个再普通不过的学习场景,"洪堡时代"的典型教育传承模式,让我们已经习惯在固定场所、固定时间与一个群体共同学习,然而学生不同的个体差异、教学的有效性、教育资源的有限性等始终是教育界努力想平衡解决的难题。得到、喜马拉雅等平台,以听的形式,让更多的人听到大师课。类似的,知名财经作家吴晓波和爱奇艺合作,打造了脱口秀节目《吴晓波频道》,在取得了良好收视率和口碑后,又在微信公众号和喜马拉雅平台上线了知识付费《每天听见吴晓波》,取得了上亿播放量。

创新需要什么,德鲁克在他的《创新与企业家精神》[②]中举过许多生动的例子,如美国农民分期付款,用未来收入应对当下的情景(购买收

---

① 数据来源:https://xw.qianzhan.com/analyst/detail/329/200927-9c4ac725.html.
② [美]彼得·德鲁克.创新与企业家精神[M].北京:机械工业出版社,2019.

割机），从而提前获得了所需商品，拥有了购买农业设备的能力；集装箱的出现大大提高了货船的装运能力，简单平凡的创新有可能改写历史——扩大世界贸易量；让教育普及世界的其实是教科书这个非技术发明；随着欧洲启蒙运动，人们更理性地看待和解释世界，血液循环的发现，解剖学建立和临床医学的发展，诊断治疗、集中化的功能分区管理等特点，预示着现代医院的诞生，这一社会创新，比单一的医学创新还要有意义；德国人奥古斯特·博尔西希在社会各界的强烈反对下坚持发明了蒸汽火车头；为了不再重蹈历史，日本明治维新打开了国门，模仿西方开放、引进、改造各种设备进行创新。

第一次世界大战以后，有目的、有组织地寻找机遇和变化，已经变成一种常态，并形成了可主动学习的体系，所谓创新，德鲁克在书中总结了 7 个创新的机遇来源：意外事件、不协调的事件、程序需要、产业和市场结构、人口统计数据、认知变化、新知识。主动、有意识地创新一般还是基于某种发现改变了认知，或者为了满足某种已有或新的需求。美国梅西百货的家电利润远高于时装，想要利润增长停下来这一拒绝意外成功的例子，指出了领导层对意外事件判断能力的重要性；从认知与现实、实际客户价值和期望、程序的节奏等指出不协调事件创造的创新机会；日本人岩佐多门设计公路反射灯的例子指出目标下程序需要创新的促成作用；用汽车工业的故事阐明了产业和市场结构起到的作用；人口统计对预测未来的发展趋势；对健康的关注度提升使得健康产业有了新的机会；一般要有一定的时间积累，才有可能产生基于知识的全新创新。

创新能培养吗，创新如何培养？

美国著名的积极心理学大师米哈里·希斯赞特米哈伊著有《创新力——心流与创新心理学》①一书，他在书中描述了开展创造力研究的过程，在 5 年（1990—1995 年）的时间里，米哈里·希斯赞特米哈伊与他的学生对 91 名卓有成效的富有创造力的人进行采访，深入分析了创新者的特点，创新的过程以及阻碍因素，其中非常有意思地提到了彼得·德鲁克，原本德鲁克也是他的邀请者之一，但是他果断拒绝了，他

---

① ［美］米哈里·希斯赞特米哈伊.创造力：心流与创新心理学[M].杭州：浙江人民出版社，2015.

说"我被告知是有创造力的,但我不知道那是什么意思……我只是在不断地辛勤工作""根据我的经验,提高生产效率的方式是不要做任何帮助他人工作的事情,而是把所有时间都用在上帝让你做的事情上,并把它做好"。一个研究企业创新的人,当自己成为被研究对象时,他却以十分理性的方式礼貌地拒绝了,为了研究,他几乎拒绝了所有的邀请,一生致力于教书、著书和咨询,连续20年每月在美国著名的《华尔街日报》上发表文章,撰写专栏,在《哈佛商业评论》上发表文章38篇,至今无人打破这项记录,几乎每本著作都是畅销书。

德鲁克和希斯赞特米哈伊的两种直面创新企业和创新人才创造力,从企业和个人创新过程的视角,剖析创新原因的启示带给我勇气和灵感,在阅读了创造力教育相关的文献、成功企业相关的公司发展历程资料、创始人个人传记等大量文献,我开始动笔从不同企业的创新实践案例中,尝试分析这些已经成功的创新企业和创新个人,它们做了什么,做对了什么,具备哪些创新的条件、环境、要素等;观察成功的创新企业,它们的成功有没有可归纳的相似特征,在成功的原因当中,创新人才具备哪些关键思维和人格特质,继而去思考如何在教育过程中有意识地培养学生的创新思维,以应对未来不确定的机遇和挑战。

本书主要分为四个部分,第一篇论述的是有关创新的内涵(包括第1章、第2章、第3章);第二篇是企业创新实践,选取了金融业(第4章)、制造业(第5章)、电商业(第6章)、文化业(第7章)、教育业(第8章)五大行业领域内的创新案例,分析它们有哪些创新,以及创新和企业家精神(第9章);第三篇是创新人才分析(包括第10章、第11章),分为创新思维和创新精神;第四篇是面向未来的创新教育(包括第12章、第13章、第14章、第15章),探讨了如何培育创新能力;最后简要总结了全书。

作　者

2021 年 2 月

目　录

第四篇　大学生创新能力培养——面向未来的创新教育

第一篇 创新是什么——发展的第一动力

2014 年的夏天,时任清华大学校长陈吉宁和麻省理工学院教授米切尔·雷斯尼克在丹麦的乐高玩具公司碰面,陈校长所带领的清华团队到乐高公司参观寻找新的教育模式或方法。米切尔教授在他的著作《终身幼儿园》(Lifelong Kindergarten)中提到,从幼儿阶段开始到大学,许多的中国学生考试成绩优异,学习的课程常常能获得 A 级,可称之为"A级学生",陈校长所带领的清华团队深知,"A 级学生"如果只能简单地解决试卷上的答题,不一定就能帮助学生适应未来社会的各种挑战和变化。凯西·戴维森在她的著作《现在你看到了》(Now You See It)中估计,现在的小学生,大概有 2/3 会在将来从事目前尚未发明出来的工作。要想面对和不惧挑战,必须要培养有创新精神,敢于冒险、敢于尝试、敢于实验、敢于革新的学生,陈校长称之为"X 型学生"。未来世界的生存与竞争需要有较强大的学习能力,而这种学习能力不仅仅是应对常规的课程测试,而是在一种复杂多变充满不确定性的状况下,仍然能运用所学或快速习得知识或技能解决问题的能力。

假如给你 6 块积木,你能随意拼出多少种组合? 20 种,50 种? 哥本哈根大学数学系教授索罗·艾勒斯在乐高纪录片《Beyond the Brick》中指出 6 块 2×4 点的乐高砖块可以拼出 913 105 765 种组合。我们小时候都有这样的经历,当老师给出不确定答案的命题时,老师常常会伴随着一句"请最大程度发挥你的想象力,开动脑筋,想想还有没有其他可能",不断地探索、思考、突破局限、挑战各种可能性,正是乐高玩具的无限可塑性,成为孩童时代最受孩子们欢迎的玩具之一,也是各大早教、小学兴趣班的热门课,也才会有前面中外两所世界一流高校教授在乐高公司的交流。社会需要创新精神、创新能力的各类人才,那么究竟什么是创新,创新的内涵是什么,有哪些创新因素,创新到底有多重要?

第 1 章　创新的内涵

1.1　创新的定义

英文词典中,创新用得较多的表达词是 innovation,词根:nov=new,表示"新的",英语翻译为:

· a creation (a new device or process) resulting from study and experimentation;

· the creation of something in the mind;

· the act of starting something for the first time;

· introducing something new;

· a new thing or a new method of doing something.

即研究和实验产生的一种创造(新设备或过程),或是脑海中的一个创新想法,抑或是第一次开始某件事,引入一个新的事物;再者,可以是新事物或新方法等,是一种革新。

汉字中"创新"一词,多认为出自《南史·后妃传上·宋世祖殷淑仪》:"据《春秋》,仲子非鲁惠公元嫡,尚得考别宫。今贵妃盖天秩之崇班,理应创新。"现在多指人们为了发展需要,运用掌握的知识和条件,发现或创造有价值的新事物、新思想的过程。

创新(innovation)可以是一个名词,即新事物、新方法等。如公元 5000 年前,中国仰韶文化拥有了陶窑及手绘;19 世纪,美国人爱迪生(Thomas Alva Edison)发明了电灯泡;21 世美国苹果公司发明了拥有 iOs 的 iPhone 等。创新 也可以是一个动词,指的是更新的过程,但是过程是比较新意的,甚至是独一无二的(unique),比如社会管理创新,比如中国的改革开放,不单单是简单的社会内容、方式方法的新发明、新方法,更是一场伟大的改革。创新作为名词时,与发明、创造(creation)较为接近,强调新的方法、结果;发明作为动词时,创新强调改变、革新的过程。

国内外创新研究情况

哲学视角下强调事物本质的特性,比如强调原有事物与现有事物存在的矛盾是创新核心,创新是实践新事物,正因为要在认清事实情况下解决矛盾,解决冲突,甚至否定原有的自我,于是创新就产生了。要创新,必须要直面真实问题,如企业无法与同行竞争,哪需要改变;同一种教育方法对 A 同学可行,对 B 同学为什么不可行,是不是需要个性化教育;同样买服装,为什么百货商场的人越来越多。如果只在自己原有的渠道去反思,没有观察外界环境的变化,形成既有思路依赖,即思维的路径依赖,锁定在原有的认知里,很难找到突破口。众所周知,未来的社会发展变化极大,很难预测,有没有勇气打破既定思维,逆向思考,甚至颠覆性创造,是能否解决问题的重要实践。

社会学视角下强调创新是一种活动,而这种活动是为了某种需要,革新原有想法,突破既定规则,发现或产生某种新奇、独有的有价值的新事物、新思想的活动,这种互动通常是一种实践,不仅仅停留在某个想法。我们试想以下场景:老师在讲台上列出一道数学题,向同学们提供有哪几种解决方法,想表达观点的同学纷纷举手,并上台写出自己的答案,于是,一种、两种、三种、多种解题思路出现在黑板上,有的正确,也有一些有错误,当老师讲解完以后,有些同学就开始互相议论——"其实我和第一位同学的方法一样",或者"早知道,我也举手回答了",生活中很多人常常不经意间,有一些想法或新思路,但是不想行动或选择不行动,使创新停留在思想上,不再行动,但创新通常需要实践。

经济学视角下,有关创新的概念讨论,最早是把创新当作一种生产要素,如何融入原有的生产要素组合,形成的关于"创新"的理论最早是美籍奥地利经济学家约瑟夫·阿罗斯·熊彼特(J. A. Schumpeter)提出来的,出自他在 1912 年出版的著作《经济发展理论》。他从马克思有关技术进步在长期经济增长的核心作用和有关技术进步的连续性和演进性中得到了技术创新的最初启示，在该书中使用了"创新"这一个词[①]。熊彼特认为创新就是新的生产函数的建立（生产要素的新组合），其目的在于获取潜在的超额利润。在1939年出版的《商业周期》中，他比较系统地提出了创新理论，把经济的发展归结于五种创新：（1）引进新产品或一种产品的新特性；（2）采用新技术，即新的生产方法；（3）开辟新市场；（4）征服或控制原材料或半成品的新的供给来源；（5）实现企业的新组织，分别可谓产品创新、技术创新、市场创新、材料创新、组织创新，后续学者的理论基本上都是基于此的拓展延伸。

1962年，由伊诺思在其《石油加工业中的发明与创新》一文中首次直接明确地对技术创新下定义，"技术创新是几种行为综合的结果，这些行为包括发明的选择、资本投入保证、组织建立、制定计划、招用工人和开辟市场等"。美国国家科学基金会[②]（National Science Foundation, United States），在20世纪70年代后半期将技术创新的界定大大扩宽了，在《科学指示器》的报告中，将创新定义为"技术创新是将新的或改进的产品、过程或服务引入市场。"明确地将模仿和不需要引入新技术知识的改进作为最终层次上的两类创新而划入技术创新定义范围中，所以对技术的模仿创新和对有状态的完善提升，是技术创新的重要形态，特别是在技术创新较早阶段。

同一时期，美国学者纳尔逊（R. Nelson）和温特（S. Winter）在生物进化论的启示下，通过对创新过程机理的深入研究，创立了创新进化论这一独特的理论分支，推动了技术创新与制度创新的融合，并认为创新是个系统，包括生产、经营、管理、组织等方面的内容。

而后创新理论有了进一步的发展，我国在20世纪90年代把"创新"一词引入科技界，形成了"技术创新""知识创新""科技创新"等多种提法。国内学者中，中国技术经济与创新管理学科奠基人、清华大学教授傅家骥（1998）对创新中的技术创新定义为，"企业家抓住市场的潜在盈利机会，以获取商业利益为目的，重新组织生产条件和要素，建立起交通更便利、效率更高和费用更低的生产经营系统，进而推出新的产品，新的工艺方法、市场，获得新的原材料或半成品的供给来源或建立

---

① 董景荣.技术创新扩散的理论、方法与实践[M].北京：科学出版社，2009.
② 美国国家科学基金会（National Science Foundation, United States），美国独立的联邦机构。成立于1950年。任务是通过对基础研究计划的资助，改进科学教育，发展科学信息和增进国际科学合作等办法促进美国科学的发展。

企业的新的组织。它是包括科技、组织、商业和金融等一系列活动的综合过程。"

之后几十年里，国内外各领域学者从创新的内涵、本质、路径、模式等都开展了多层次、多融合的创新理论和实践的研究，每年也会有许多创新专著登上书店的热销榜，比如1995年，美国学者克莱顿·克里斯坦森和约瑟夫·鲍尔在《哈佛商业评论》发表了一篇重量级论文《破坏性技术：逐浪之道》（Disruptive Technologies：Catching the Wave），这篇文章首次提出了"颠覆性创新"的理论，一经发表，引起众多大企业领导者的反思。之后出版的创新"四部曲"——《创新者的窘境》中探讨了成功的优秀企业在面临技术变革时，为什么会落败，失去竞争力和市场主导地位；《创新者的解答》从产品、生产架构、组织、流程、资金、高管等多方面探讨面对企业如何突破创新；《创新的基因》从联系能力、提问能力、观察能力、交际能力、实验能力5个方面阐述了创新者的特征，提供了培养创新的指导思路；《创新者的任务》系统地诠释了如何准确找到用户需要完成的任务，从而进行创新。有趣的是，前3本书在中国国内的网上书店都热卖它的珍藏版，价格比原先普通版的贵不少，这种旧书新包装新流量也可谓是一种产品创新，在"双十一"期间提价参加"满100减50"的活动，可谓一种营销创新，当然"双十一"本身也是一种创新。总而言之，创新即是为了获得更高的商业利益所采取的不同于以往的一切活动。

基于克里斯坦森教授的"用户目标达成理论"，与他共事多年的斯蒂芬·温克尔与新市场顾问公司的杰茜卡·沃特曼和戴维·法伯共同创作了《创新的路径》，分析创新如何实现，他们从用户潜意识中关注到希望达成的目标，洞悉用户行为的深层原因，来引导创新。这让我想到中国的淘宝网等电商平台，利用大数据来分析客户的行为，形成用户画像，把用户可能感兴趣的商品推送给用户。张一鸣创办的"今日头条"，也是基于客户数据挖掘的新闻推荐产品，从众多的新闻App中独创出一条路。

日本管理学大师野中郁次郎和记者胜见明，共同著有《创新的本质》，分析了三得利、本田、日清等13家日本知名企业案例，从知识管理角度解答了有关创新的本质，即充分发挥个体的主动参与能力，通过灵活运用企业储备的知识，运用显性知识与隐性知识之间的传递、转化，创造出企业产品特有的"理念"，独创的新知和独到的洞察力，进而实现最终的超越,知识管理基础中所体现的尊重人性的概念,最大程度地发挥个体能动性(如图1-1所示)。

综合化的过程

矛盾的"场" ➡ 真理真实探究 ➡ 知识的扩大

图1-1 从认知矛盾到知识扩大

美国硅谷的女性创业者黛博拉·佩里·皮肖内和戴维·克劳利,在她们《创新在于人,而不是产品:硅谷的人才秘密》一书中指出,创新者建立的组织将人放在重要的位置,其做事方法是为人提供支持、鼓励和心理安全而设计的,让组织能够发挥成员的天赋、热情和兴趣,体现出以人为中心的组织营造的创新氛围,让大家提出新想法、新观点和大胆发明的机会化、大众化,也反映出创新文化在创新活动中的重要性,同时,也是开发式创新的一种表现。最为典型的例子,就是全球最具创新力之一的公司——谷歌,向所有用户开放的流程,创建安卓平台时"默认开放",鼓励谷歌以外的开发者为使用安卓设备的用户开发App。中国有句老话"高手在民间",在今日头条公司孵化的短视频软件"抖音"上,常常可以看到一些"奇观",用户的奇思妙想,让抖音小视频百花齐放,抖音软件也成为大众最喜爱的App之一。另外一个讲调动人主观能动性案例,就是海底捞,选员工最基本的是人品考察,创始人张勇在一次采访中回答"让每个人能感受到公平的内部晋升机制"是他认为海底捞服务有不错口碑的关键,用公平的机制,充分调动了人的主观能动性。

国外陆续出版了有关创新、创意、创新者等创新相关研究的最新论著,在前面的内涵论述中也有提及,这里仅列举最近三年的主要论著,作者大多是美国学者,分别从创新产生原因、创新模式,创新者特质、创新者培育等多角度多层次探讨创新。

在创新产生方面,刚刚在国内出版了《伟大创意的诞生:创新自然史》(Where Good Ideas Come From),作者史蒂文·约翰逊(Steven Johnson)是一位科普作家,他梳理了1400—2000年这600年期间的重要发明,用宏观的"远"视角看创新环境与微观的"近"视角看创新个体的创新思维,分析出创意产生的7大原因,即不断探索边界的"相邻可能"、创新环境一般是适合多样生物生长的"液态网络"、创新灵感需要"时间"慢炖、意外的收获、可能有带来收获的犯错,关联性思维(功能变异),开放式平台等,通过对创新历史的梳理,观察总结创新产生的主要路径。

在创新者特质方面,史蒂文·约翰逊的另一著作《助燃的创新者》则是总结了创新者具备的5大特点,即跨学科思考、生态系统思维、长变焦视角、社交网络、乐观主义精神,而以上发现归结于分析氧气的发现者约瑟夫·普利斯特利的一生,观察剖析创新者的经历和特质能得到较为明确具体的结论,而若是能发现不同创新者的共性特质,或许称得上"创新的规律"。类似研究方法的还有斯坦福大学硅谷档案馆的历史学家莱斯利·柏林的《硅谷的搅局者》,阐述了1969—1984年,硅谷从开创、建设、困境、胜利、裂变的不断重塑自我的历史中,7位创新者的硅谷创业史。

在创新路径方面,麻省理工学院负责制造业与创新研究的苏珊娜·伯杰(Suzanne Berger)经过对美、德、中264家企业深度调研后,提供美国制造业创新的思考框架与行动指南,著有《重塑制造业:从创新到市场》(Making in America: from Innovation to Market),并提出"创新是在生产制造中加深的"重要观点、"分布式制造"[①]的未来生产体系构想和工业生态系统畅想,最后还提到了美国制造业人才培训系统;硅谷创业教父Founders Space创始人史蒂文·霍夫曼(Steven S. Hoffman)作为《让大象飞》的作者,试图从硅谷实践角度分享初创企业以及大企业创造出新的产品和服务的过程,如何打造创新团队等。

在创新教育方面,如斯坦福大学神经科学博士蒂娜·齐莉格(Tina Seelig)的论著《斯坦福大学创意课》,她同时也是斯坦福大学科技创业项目的学术主任,她总结了"大胆设想未来""平衡内在动机与外在动机""培养专注力""重新定义问题""增强坚毅力""积极与他人合作"等具有可行性的方法,指出创造力培养、创意产生的路径;再比如毕业于牛津大学的国际教育专家薇薇恩·斯图尔特《面向未来的世界级教育:国际一流教育体系的卓越创新范例》,从世界各国的成功范例分析成功教育体系的各种要素;主讲过《学校扼杀创造力》TED演讲人肯·罗宾逊教授和卢·阿罗尼卡共同合作了《发现天赋的15个训练方

---

① 分布式制造,也称分布式生产,是企业使用地理分散的制造设施网络(通过信息技术进行协调)进行的分散制造的一种形式。

法》,其中包括通过冥想、描述自己等发现天赋、挖掘天赋等 15 个训练方法,从帮助人们探索内心,寻找创新方式。

近期,国内对于创新理论方面系统性的原创性创新研究著作较少,多数是引用国外的创新方法在中国应用实践的理论和应用研究,如基于哲学和科学视角的将颠覆式创新、互联网思维引入国内创新理论和实践思考的混沌大学创始人李善友①著作《第一性原理》《第二曲线创新》等,由林雪萍撰写的有关世界制造业变革下制造业与外部变化交互下发生的《灰度创新》等,魏江、刘洋为企业数字化转型、数字型组织创建、数字创新生态系统治理提供实操指南《数字创新》等。除了著作,笔者主要查阅的是中国知网上有关"创新"的主要研究,以中国知网为检索来源,以 2020 年 10 月为时间节点,以"创新"为关键词,以中文社会科学索引(CSSCI)为主要文献来源,共获得 83 238 条搜索结果,文献来源为中文社会科学索引(CSSCI)、核心、EI、SCI,共获得 27 万多条结果,从发文数、发文主题和发文作者,来看中国国内研究创新理论的研究情况。

从图 1-2 可知,最早在中国知网 CNKI 上发表创新有关的论文是 1970 年前,CNKI 的最早记录是 1961 年,到 1996 年之间增长缓慢,到 1997 年开始飞速增长,特别是 2000 年前后直线式上升,2013 年后有一个下降趋势,2000 年前后也是百度(Baidu)、阿里巴巴(Alibaba)、腾讯(Tencent)等现在的中国互联网巨头的初创期,也是国内创新实践涌动期,可见学术界也非常活跃。图 1-2 显示,2013 年之后发文量的下滑,根据图 1-2 加入了核心、EI、SCI 的统计,整体的发文量还是呈现上升趋势(图 1-3)。

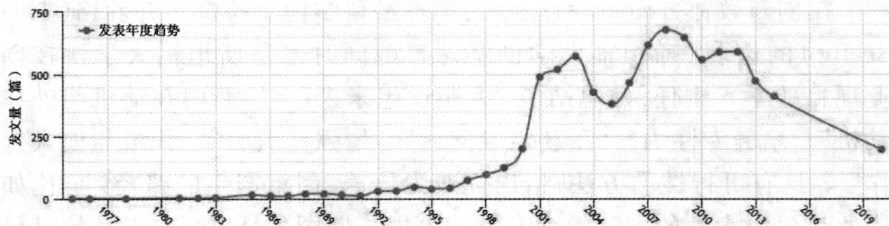

图 1-2　CNKI 1961—2020 年"创新"为主题发文数(仅 CSSCI)

---

① 李善友,汉,1972 年出生于吉林,毕业于南开大学、中欧国际工商学院,酷6 网的创始人兼 CEO,混沌大学(混沌研习社)创办人,中欧创业营发起人。

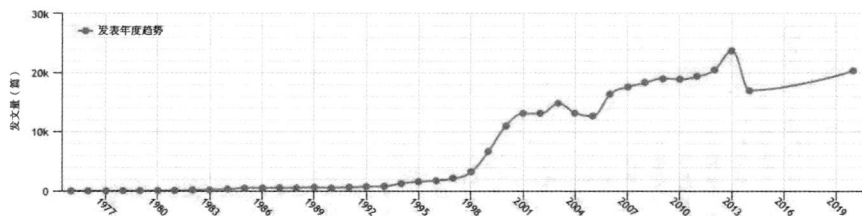

图 1-3　CNKI 1961—2020 年"创新"为主题发文数（CSSCI+ 核心 +EI+SCI）

根据文献来源仅为 SSCI 的文献检索结果，排在前十位的主题词主要是技术创新、制度创新、实证研究、自主创新、企业技术创新、创新能力、知识经济、科技创新、中小企业、理论创新，可见主要还是研究技术创新、制度如何保证等（图 1-4）。

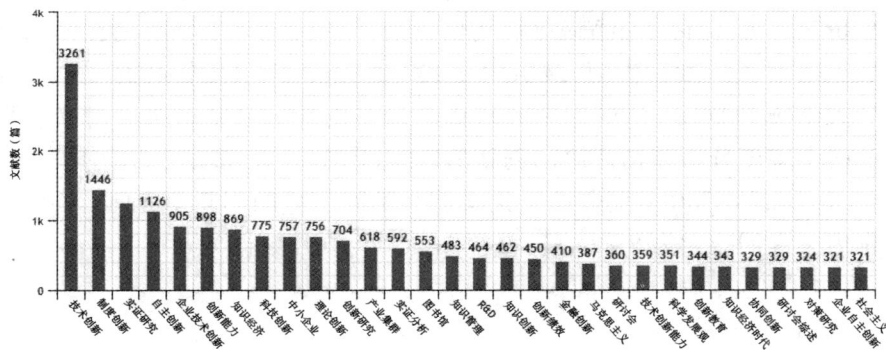

图 1-4　CNKI 1961—2020 年"创新"主要主题文献数

根据文献来源为 CSSCI 的检索结果，清华大学陈劲教授、浙江大学许庆瑞教授、西安交通大学李恒教授、西安理工大学党兴华教授、华中科技大学的钟叔华、清华大学的吴贵生教授、哈尔滨工程大学的李柏洲教授、哈尔滨理工大学的王洪起教授等学者在"创新"研究领域都比较活跃（图 1-5）。

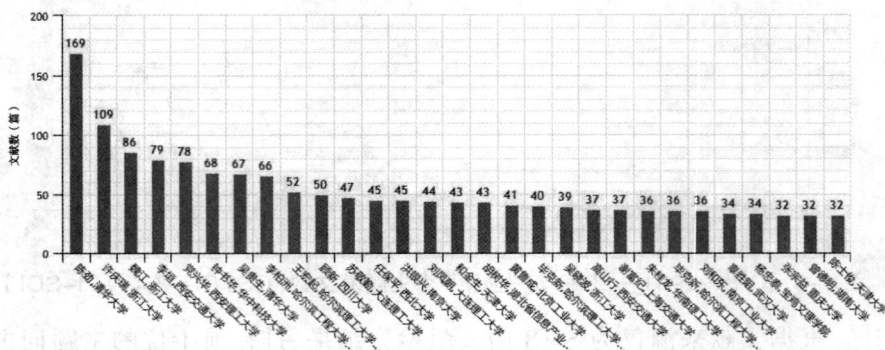

图 1-5　CNKI 1961—2020 年"创新"研究主要学者

　　根据文献来源为 CSSCI 的检索结果,中国人民大学的张望军、彭剑锋在《科学管理》杂志发表的关于《中国企业知识型员工激励机制实证分析》一文,探讨了报酬激励、文化激励、组织激励、工作激励在知识型员工中发挥的激励作用,被引用 2 224 次,近十年引用较高的文献是清华大学陈劲教授《协同创新的理论基础与内涵》,从整合维度与互动强度两个维度分析和构建协同创新的内涵(图 1-6)。除此之外,中国知网CNKI 还有 8 000 多篇硕博士论文涉及不同领域的创新研究(以"创新"作为关键词搜索为 8 034 篇,截至 2020 年 10 月数据)。

	篇名	作者	刊名	发表时间	被引	下载
1	中国企业知识型员工激励机制实证分析	张望军; 彭剑锋	科研管理	2001-11-20	2224	17718
2	管理胜任力特征分析:结构方程模型检验	王重鸣; 陈民科	心理科学	2002-09-20	2029	14822
3	从Blending Learning看教育技术理论的新发展(上)	何克抗	电化教育研究	2004-03-30	1850	7391
4	我国制度变迁方式转换的三阶段论——兼论地方政府的制度创新行为	杨瑞龙	经济研究	1998-01-05	1634	11794
5	协同创新的理论基础与内涵	陈劲; 阳银娟	科学学研究	2012-02-15	1596	22977

图 1-6　CNKI 1961—2020 年"创新"研究论文被引 top5

　　综上,国内外对于创新的研究不断深入、内涵更加丰富,除了扎实的理论研究,还有大量的企业实践案例,CNKI 中以"企业创新"为主题词的文章有 23 236 篇,研究领域包括技术创新、制度创新、管理创新,研究创新型企业包括中小企业、国有企业、民营企业、乡镇企业、科技型企业,另外还涉及创新绩效、创新能力、企业文化等。

1.2　创新的分类

创新按不同的角度可以有不同的分类。学术界重要的分类是从以下几个角度：从创新的性质、程度和规模的角度，可以将创新分为渐进型创新、根本性创新、技术系统的变革、创新—经济范式的变更[①]。从创新战略的角度可以将创新分为自主创新、模仿创新、合作创新。从创新对象的角度，可以将创新分为产品创新和过程创新，有很多还包括组织创新、模式创新。按来源分类可分为自主技术创新、引进技术创新和改进技术创新。按创新成果产生的过程分类一般分为科学技术必然创新和科学技术偶然创新，在过去的几十年中，专家学者对创新作了大量研究，表 1-1 作了相关摘录。

表 1-1　创新分类

学者（年代）	分类
Schumpeter（1943）	新产品（new products） 新生产方式（new methods of production） 新的供给来源（new sources of supply） 新市场（the exploitation of new markets） 新组织（new ways to organize business）
Schmookler（1966）	产品技术（如何创造或改进产品） 制造技术（如何制造）
Dafe（1978）	技术创新（technical innovation） 管理创新（administrative innovation）
Damanpour（1991）	新产品或服务 新制造流程技术 新结构或管理系统 关于组织成员的新计划
Higgins（1995）	产品创新：具体或大幅改进的产品或服务 流程创新：改进效率或效能的流程 行销创新：新的市场概念或行动 管理创新：新的管理方法

① 该观点由英国苏塞克斯（Sussex）大学的科学政策研究所（Science Policy Research Unit，SPRU），在 20 世纪 80 年代提出的。

续表

学者（年代）	分类
Neely（1998）	产品创新 流程创新 组织创新
Chesbrough（2003）	开放式创新

数据来源：摘自颜如妙教授《企业创新指标构建之研究》①。

以下对各类创新类型做界定阐述：

①产品创新，包括企业在市场上推出新产品或服务的数目，以满足外部使用者或市场的需求，除此之外，产品创新的程度亦是衡量项目之一。从产品的材料、结构、形式、功能、创意等方面，结合文化，指出产品与文化结合，能带来创新性和独特性等，可称之为产品创新。产品是买卖的核心，产品创新在众多形式的创新中排名最靠前，需求者的感知也最为强烈。

②流程创新，是指技术活动或生产活动中的操作程序、方式方法和规则体系的创新。企业的发展需要流程创新，要充分利用信息管理系统，简化员工的工作流程，对流程进行再改造等，特别是互联网和大数据时代，利用数据记录和回顾流程，运用互联网、云技术共享数据，可以大大提高企业管理的效率。与此同时，在组织中支持学习，加强对员工的培训也尤其重要，比如有好的系统，无论是软件程序还是互联网平台，要注重员工的信息素养，以进一步利用新技术进行流程管理。

③组织创新，指组织管理要素的创新，其中包括组织架构、管理作为、激励方式等方面。企业要在竞争激烈的时代谋求发展，组织创新的开发利用成为拥有持有竞争力的重要手段。建立激励机制，鼓励员工；塑造创新的组织文化，鼓励员工创新，尊重员工的想法，对缺点持包容态度；注重对各部门的整合人员，精简组织机构等。

④管理创新，指对原有管理模式的变革，管理方法的改进或提升。

⑤开放式创新，指在变化的市场环境下，企业逐渐认识到合作创造对于技术创新的重要性。新产品开发中顾客作为资源的共同创造者，强调顾客在产品开发中的作用，重视与顾客的互动和来自顾客的反馈，开

---

① 该文章来自于 http://www.ccis.nccu.edu.tw/CCIS%20Epaper/200410/3e.htm

放创新下专利开发等战略必要性。最有代表性的例子,就是特斯拉取消了在北美的公关团队,所有与公司有关的新闻从创始人马斯克的社交平台获知,客户可以随时向公司提出自己的需求,特斯拉会尽量满足,营造了开放式的创新环境。

⑥制度创新。通过创设新的规范、制度、准则来变革原有的发展环境等创新。

以上归纳是创新的六个主要方面,产品创新主要在于产品样式、材料、创意以及文化的融入等方面;流程创新,主要是用信息系统对流程的改造、简化,以及对员工的培训等;组织创新,建立创新的组织文化,增强对员工的尊重,对员工创意的鼓励和对各部门员工的整合等;管理创新,开放式创新,重视顾客在产品开放中的作用,重视与顾客的互动和来自顾客的反馈,加强与研发部门的沟通;制度创新,注重发展环境等。

第 2 章　创新的重要性

　　创新的重要性不言而喻,习近平总书记历来十分重视创新和创新思维,他指出,"纵观人类发展历史,创新始终是一个国家、一个民族发展的重要力量,也始终是推动人类社会进步的重要力量。"自 1978 年改革开放以来,中国 GDP 总量从 3 645 亿元到 2020 年的 101.59 万亿元,人均 GDP 从 381 元到 2020 年的 72 447 元,中国经济总量飞跃式增长,国力大幅提升,人民生活水平逐渐提高,这来之不易的进步和成就源于改革开放的重大创新举措和 40 多年来中国特色社会主义道路的创新实践。

　　我们此处谈论创新的重要性,更多是说培养创新思维的重要性,有了创新思维才有创新的产物——创新商品、创新服务或者一种创新思想。创新是宝贵的,它帮助我们随时可以根据实际形势应变;创新是解决方案,是答案,是面对难题时的法宝;创新是迭代更新,无数的创新推动着社会的进步。

2.1　创新可以应对多变的挑战

　　《You Can See It》的作者曾说过,现在的小学生,大多数人未来要从事的工作,现在还没有诞生,意思是社会发展变化,而且是飞速发展,15 ～ 20 年离开学校后,他们面对的就业环境,跟现在会有很大的变化。特别是互联网、人工智能、5G 等新技术与传统产业融合后,许多纯粹重复劳动的岗位,慢慢被机器所替代,那么毕业生去往哪里? 比如金融类专业的毕业生有一部分去往银行从事柜员的工作,有了人工智能以后,诸如开卡业务,原本需要客户先填好单子,然后由银行柜员根据客户申请单信息,完成银行内操作系统的填写,完成后,会将客户信息记录到一张新的银行卡,系统完成流程后,新卡交给客户即算完成开卡。而如今,我们去很多银行,一进大门,客户经理会问你,需要办什么业务,如果是开卡和存款类的简单业务,他们就会引导你去智能机器处办理,这样可以节省客户的排队时间,提升服务效率,也会减少相应岗位的人员需求,也意味着减少了银行在人工雇员部分的成本,完成了低技术含量岗位机器对人的替代。

所以 15 ~ 20 年前人工智能没有像今天这样普及时,要培养一群孩子未来在金融行业从业,和今天 2020 年培养一群孩子未来在金融行业从业,学校的课堂教的一样吗?如果纯粹只是教书本上落笔的知识,如果只是考核记忆能力,那么课堂内容肯定是不同的,因为他们所处的时代发生了变化。如果培养的是一种创新思维,比如遇到什么问题,现有什么条件和资源可以利用和转换,现有的条件是否足够解决,当无法解决时,为什么不能解决,难点在哪里,需要引入什么新方法、新技术、新思路或者其他新元素,那么这种思维应该能适应任何时代,因为它可以面对变化的问题,时代在变化,变化着的时代中各种问题层出不穷,当已有的方法无法适应新的变化的时候,永远需要新思路、新方法,因为创新可以面对动态的问题和挑战。

这里再举另外一个例子,1975 年,仙童半导体公司的工程师摩尔,提出芯片上集成的晶体管数量将每两年翻一番,进一步地,著名的摩尔定律提出“当价格不变时,集成电路上可容纳的晶体管数目,约每隔 18 个月便会增加一倍,性能也将提升一倍”。摩尔定律揭示了信息时代下科技更新换代的速度。时代在变革,在发展,也充满挑战。2020 年第二季度,中国的华为手机份额达到全球第一,在公布这一消息的同时,华为高级副总裁余承东还公布了另一个让市场充满忧虑的消息“华为没有芯片了”。这是美国对中国华为公司实施制裁后,华为被列入“实体清单①”,谷歌、英特尔、高通等公司暂停向华为提供硬件、软件和技术服务等,美国针对华为宣布制裁新规,要求所有使用美国技术以及美国设备的代工企业,在为华为生产芯片时都需要向美国进行申请,这意味着原本为华为代工芯片的台积电如果要继续为华为生产芯片,需要经过美国的同意,而芯片属于高端制造业,大部分的专利技术掌握在美国人手中,即使台积电只是代工,需要使用相应技术,特别是核心技术时,需要经过美国相关技术公司的认可,但是美国对华为实施制裁后,所有美国

---

① 美国为维护其国家安全利益而设立的出口管制条例。

公司相继暂停与华为合作，华为就被"卡住了脖子"，芯片之于手机相当于大脑，没有高端芯片，也就无法为市场提供高性能手机，对发布会上余承东的讲话，媒体喜欢用悲壮两个字来形容。

"十四五"时期是我国抢占全球信息技术科技创新制高点和推动自主软件系统规模化应用的重要交汇期，如何在贸易摩擦升级、地缘政治冲突加剧、新冠疫情持续的复杂外部形势下，系统地解决当前我国软件产业发展仍面临的关键技术受制于人、软件人才缺口较大、原创性成果应用不足、软件价值评价机制缺失等一系列问题，加快构建以国内循环为主、国内国际互促双循环为辅的新格局，需要在推动我国软件产业实现高质量发展时采取新的促进思路。

创新是主动顺势而为

时局在变化，观念在变化，30 年前，也许你能接受坐火车历经二三十个小时从郑州到广州，没有用户体验，买票难上加难、等车时人挤人，坐上也舒服不到哪去，而最新的报道，2020 年底前，京沪高铁将推出"静音车厢"及"计次季票"等新型票制产品，同步实施灵活折扣、有升有降的市场化票价机制，升级后的系列服务举措将为旅客出行提供更多选择。中国高铁成为中国新四大发明的代表，什么促使它一次又一次的自我迭代和创新——顺势而为，顺应时代发展规律和步伐，提供相应的产品和服务，以满足日益增长的消费者需求。另一个例子蚂蚁金服，2020 年 10 月蚂蚁金服正式登陆中国科创板，并且在上市前将"蚂蚁金服"更名为"蚂蚁科技"，意味着它将自己的定位从"小微金融服务"转型到"金融基础设施"的技术提供者，这又是一次新的挑战，新的目标，新的征途。过去 20 年，借势互联网，借势中国的网民数量，中国制造的发展，借势国内对创新创业的推动，金融市场的改革，蚂蚁成为全球商业前所未有的奇迹。

创新是以开放面对变化和挑战

"我们没有做错什么，但是不知为什么，我们输了"，这是诺基亚 CEO 约玛·奥利拉说的一句话，后来被广为流传，成为各个行业强调趋势的经典案例。2011 年，由于长期坚守塞班这个封闭的智能操作系统、不与安卓系统合作等原因,诺基亚手机被苹果和安卓系统超越,错失世界第一的宝座。最终在 2013 年,微软以约 70 亿美元的价格收购了诺基亚的手机业务和相关专利,是这个创建于 1865 年的百年企业,退出手机业务的最后一幕。

创新是面对时代变化的武器

时代是隐形的变速器,同频则是加速器,脱颖而出,就如同小米董事长雷军那句话"站在风口,猪都能飞起来",逆势则是减速器,速度越来越小,甚至倒退,当毫无价值时,则会被淘汰。道理很简单,然而难处就在于,如何把握分析趋势、把握趋势,2000 年前后诞生了一批中国最早的互联网公司,阿里、腾讯、百度、网易、搜狐等,他们把握住了第一波中国互联网的趋势,就在许多创业者要成为第二个阿里、腾讯、百度、网易、搜狐的时候,有 3 个年轻人,在互联网领域开辟了另一番天地,2010 年,1979 年出生的清华毕业经历过数次创业的王兴创建了美团网,开辟了互联网下本地生活服务的新领域,并且在百团大战中成功突围;2012 年,1983 年出生 29 岁南开大学毕业的张一鸣创建了今日头条,发布了这款互联网下基于数据挖掘的信息服务产品,从上线到拥有 1 000 万用户只用了 90 天,其后觉察到移动互联网的趋势,创立的抖音(包括国际版 TikTok)等产品都是互联网场景下开发的应用;2012 年,1983 年出生的 29 岁的程维从支付宝辞职创办了北京小桔科技有限公司,经过 3 个月的准备与司机端的推广,在北京上线了滴滴打车。这三个年轻人,在 2010 年前后,看到了移动互联网的趋势,顺势而为推出了新移动端应用,打开了移动互联网市场。

面对趋势,不同的人会有不同选择,如何面对新趋势下的新问题,如图 2-1,上述所提到的诺基亚手机业务面对互联网的挑战,选择因循守旧,疲于应付,最终悲壮地出售了自身的手机业务;而苹果公司,从 2007 年开启触控时代,到后来 App store,FaceTime、指纹传感、无线充电等,每一次苹果发布会,就是一次科技创新的展示会,不断地提升消费者的用户体验,用技术创新满足新需求、引领新需求。而这背后的底层逻辑是,创新思维是成长性思维,它能不断自我迭代,随时代而变。面对新的任务和挑战时,会根据形势变化做出新的调整,顺势而为。

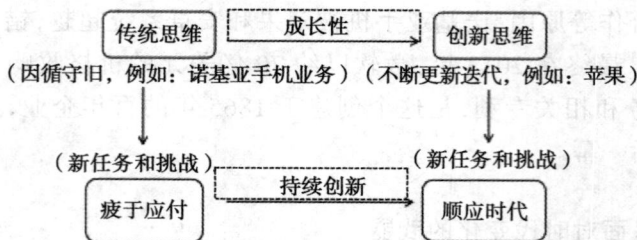

图 2-1　传统思维和创新思维

2.2　创新是解决方案

何为创新，为何创新，就像前面所说，金融行业在互联网时代、人工智能、大数据下面临深刻变革，如果原来的柜员岗位被机器所替代，原本在银行柜员岗位的员工，他们面对行业变革下，他的选择是什么，他的出路在哪里？如果什么都不动，面对行业形势变化无动于衷，那很可能在机器换人的趋势下，被银行辞退，被行业所淘汰，他们面对困境，他们该怎么办，出路在哪里？解决方案在哪里？——顺应变化，求变创新。

为什么银行会用机器替代一些行员，是所有类型的银行行员都被替代吗，并不是，他们为什么有些会被替代，有些不容易被替代，被机器替代的行员是因为什么原因？重复劳动，低技术含量的劳动，机器可以替代并且可以提高效率的岗位，也就是机器可以学习人的行为，从简单行为到复杂，原本的工作方法过于陈旧？原本的工作路径太过死板？原本的工作模式太容易被替代？如何应对？尝试用新的工作方法，看看能否提高效率，看看能否提供更好的柜面服务；尝试新的工作路径，改革流程，看看能不能有新的服务效果；尝试改变原本的工作模式，既可以提高质量，又可以不被替代。尝试是什么？是改变原有的模式，看看有没有更好的状态，是解决问题最为主要的方式。

创新源于现实问题亟待解决，是文明进步的迫切需求。印刷术的发明是对于减少重复书写、抄写、费时费力的创新，它大大加速了知识的传播和文化交流，使得图书可以出版，更多作品可以被传颂；电灯的发明是对于挣脱黑暗束缚的创新，使得人们的日常生活更加方便自如，不再受黑夜白天的限制，真正改变人们对时间的支配自由；汽车的发明，特别是用流水线方式生产后汽车使用的广泛普及是工业时代下对于技术创新的伟大证明……

2020 年初，新冠疫情爆发，为了控制疫情，1 月 23 日 10 时起，即对湖北省武汉市人员流动和对外通道实行严格封闭的交通管控，离汉通道关闭，全国各地春节假期延长，武汉和湖北地区以外省份的很多小区和交通设施都采取了封闭管理和相关隔离措施。但是企业停工停产几乎是给经济按下了暂停键，封闭使外地员工不能及时到岗，使大部分企业经营处于停滞状态，对经济影响极大。国内企业纷纷为应对疫情出谋划策，旅游业龙头企业携程的董事局主席梁建章在 2 月 6 日通过微信、微博发了一篇"我们需要一个防疫 App"的文章，建议利用移动互联网技术开发一个相应的程序，在当时还只是一个想法和提议。其实国内互联网企业阿里巴巴的技术团队也在为类似的想法攻克难题，2 月 9 日，杭州余杭区和支付宝合作率先推出了健康码，这款 2 月 5 日凌晨上线的阿里最快产品，每隔半个小时就更新迭代一次，几天后即与政府合作，并将健康码推广至浙江全省，而后是全中国，通过绿（可正常通行）、黄（须实施 7 天隔离）、红（须实施 14 天隔离）的分类辨识人群的实时健康状况，使得防疫工作可以全面开展，并且不耽误复工复产。在关键时候的健康码创新，成了新冠疫情时期，做到不同人群分类管理的解决方案。

提供解决方案始终是创新的根本任务，互联网时代下，科学技术的创新为推动时代进步的重要手段，特别是解决经济社会发展和民生改善的现实问题，比过去任何时候都更加需要科学技术解决方案。部分关键元器件、零部件、原材料依赖进口；油气勘探开发、新能源技术发展不足；人民对健康生活的要求不断提升，生物医药、医疗设备等领域科技发展滞后问题日益凸显……这些体现国家急迫需要和长远需求的实际问题，必须向科技创新要答案。解决这些问题的过程中，既需要科技力量挺身而出，同时也会提供科研选题、技术攻关的"题库"和舞台，牵引新突破和技术进步，在整个过程中始终坚持需求导向和问题导向。

2.3　创新能够推动人类进步

回首历史,是人类历史上一次又一次的创新,推动了社会的发展和人类的进步。18 世纪,蒸汽机的创新发展引发了第一次产业革命,导致了从手工劳动向动力机器生产转变的重大飞跃,使人类进入了机械化时代;19 世纪末至 20 世纪上半叶,电机和化工的创新发展引发了第二次产业革命,使人类进入了电气化、原子能、航空航天时代,极大提高了社会生产力和人类生活水平,缩小了国与国、地区与地区、人与人的空间和时间距离,地球变成了一个"村庄";20 世纪下半叶,信息技术的创新发展引发了第三次产业革命,使社会生产和消费从工业化向自动化、智能化转变,社会生产力再次大提高,劳动生产率再次大飞跃;21 世纪初,物联网、互联网、新材料、能源革命、医学革命、新金融、人工智能、智能汽车、航天航空等领域的创新发展而引发的第四次革命将在未来的十几二十年产生深远影响。

创新往往是基于已有发明的改造、升级和重塑,从而不断适应当下的社会发展,应对不同时代的机遇和挑战。There would be no iPhone without the iPod.——这句话出自于参与了 iPod 和 iPhone 研发,人称"iPod 之父"的 Tony Fadell。苹果在 iPod 上取得的利润和市场地位,为后来 iPhone 上种种尖端技术的研发打下了基础,而 iPod 本身也成为 iPhone 项目初期的参考和借鉴对象。2004 年 iPhone 项目正式立项,2007 年 1 月 9 日苹果公司创始人乔布斯在旧金山的年会上宣布推出 iPhone,自此触屏移动智能手机拉开了改变人类历史的序幕,也是创新推动人类进步的经典案例。iPhone 与其他手机的不同在于有了 iOs 操作系统,一个在电脑上运行的操作系统可以在手机上通畅运行,这背后是对于手机处理器的一次完美革命,是对电池续航、人机交互的不断升级,使许多利于用户体验的想象成为可能,这其中还包括触屏功能、Home 键、苹果相机等。值得一提的是,iPhone 的诞生需要 12 个关键技术,基本都不是苹果发明,它们分别是微处理器、存储芯片、固态硬盘、液晶显示、锂电池、快速傅里叶变换算法、互联网、HTTP、手机通信网络、触摸屏和 Siri,很多技术在 iPhone 出现之前许多年就有了,它们才是 iPhone 和移动互联网时代的真正基础,这个例子也说明创新不一定是要一个完全全新的创造,可以是对已有技术的重组,而这个技术可以是世界上任何一种已有的技术。

自 2007 年起,全世界的手机市场进入了移动互联网时代,人们的生活方式也因手机而改变——手机不再是接打电话、信息联络的简单工具,它可以是一个用户移动客户端口,是集合的电脑功能的微型机器,并且,伴随着用户需求和技术革命,还有一项重要的发明,依托于智能手机诞生了——它就是移动支付,我们在支付时,已经不需要从卡包里拿出银行卡、现金,只需要打开手机,甚至可以只需要人脸识别。自此,我们真正可以用手机打开世界的大门,用手机购物,用手机出行(坐公交、高铁、飞机、打车、骑车),用手机阅读电子书籍、观看电影电视,用手机娱乐,用手机办公学习等,只拿着一台手机就可以出门。

创新更新了生产工具和生产技术,劳动者为适应生产不断提高自身素质,思维方式不断更新,形成了先进的制度、科技,推动了社会生产力的发展。创新是对真理的发展、对实践的推进,是社会发展和进步的动力。

第 3 章　创新的影响因素

第 2 章我们探讨了创新的重要性,本章我们来谈谈,既然创新如此重要,创新因何而生? 什么因素影响着创新,国际和国内每年都会发布一些有关创新力的榜单,比如世界知识产权组织(WIPO)自 2007 年起,每年会发布全球的创新指数,近几年中国的排名逐渐上升,在最新发布《2020 年全球创新指数报告》(Global Innovation Index 2020, GII)中,中国排在第 14 名,排名第一的是瑞士,其次是瑞典、美国。在排名前 15 位的国家或地区中,有 9 个是欧洲国家,分别是瑞士、瑞典、英国、荷兰、丹麦、芬兰、德国、法国、爱尔兰,其余 6 个非欧洲国家或地区即是美国、新加坡、韩国、中国香港、以色列、中国。为什么欧洲国家占较高比重,欧洲是不是更适合孕育创新,其他非欧洲国家又是靠什么脱颖而出,能不能总结出一些特性来培育创新,这是个特别值得分析的问题。

除了对国家创新力排名的榜单,还有一些对于企业的创新评价榜单,诸如波士顿咨询公司(BCG)每年会发布最具创新力全球公司名单,在 2020 年最新 Top50 榜单中,中国有 5 家公司,分别为排名第 6 的华为、排名第 7 的阿里巴巴,排名第 14 的腾讯,排名第 24 的小米和排名第 31 的京东,占总数的 10%。虽然数量上 5 家也是不少,但与美国的 28 家[①]相比,差距还是不少 ,虽然这是一个美国公司主评的榜单,或许会有本土偏好,但总体来看,美国公司的创新力仍在第一梯队。另外,福布斯每年也会发布中国最具创新力企业榜单,2020 年行业分为 12 个活跃的创新领域中,榜单中企业更新率超 50%,创新赛道竞争十分激烈,中国企业争先恐后,不断提升创新能力。创新就是不断挑战、改变过时的思维

---

① 28 家分别为苹果、Alphabet、亚马逊、微软、IBM、Facebook、特斯拉、思科、沃尔玛、惠普、耐克、Netflix、英特尔、戴尔、塔吉特、甲骨文、强生、阿迪达斯、Costco、Salesforce、摩根大通、Uber、宝洁、3M、FCA、可口可乐、沃尔沃、麦当劳。

定式,用一种新方式去思考与行动,张杰等[①](2007)认为制造业企业活动的创新因素除了品牌、企业家背景、人力资本、行业与地区相关因素,与企业规模、企业创新投入强度、出口因素、产品更新换代等都有关联;李政陆、寅宏(2014)指出国有企业通过有关体制与机制的创新,创新动力可以有效增强,创新效率可以大幅提升;李云(2020)指出民营企业创新的核心要素是企业家特质、企业内生资源、技术创新能力、创新管理体制;沈国兵、袁征宇(2020)[②]指出互联网对企业创新的促进作用,无论是在中小企业、低生产率企业、垄断行业还是低技术行业效果都是显著的。

创新的影响因素有许多,接下来将从创新的动力来源、创新的文化氛围、创新的法治环境、创新的国际合作、政府在创新中所扮演的角色和发挥的作用,教育对创新的影响等几个方面,探究创新如何受到上述这些不同因素的影响。

3.1　创新的原动力

新问题的解决方案和新奇内容不是凭空产生的,创新来源于对困境的求生欲。讨论创新的影响因素,最大的影响是从无到有,创新的动力是什么,因何而改变,为何而创新。颠覆性"创新之父"克莱顿·克里斯坦森教授在他的著作《创新的窘境》[③]中总结——"成功的公司停步不前,最后失败,因为它们有一些事情没有做对。"这句话中透露出几个信息,一是成功的公司,指的是曾经占领过市场,有一席之地,甚至有话语权的公司;二是最后失败,意味着没有能够长期存在,保持已有优势;三是他们有一些事情没有做对,指明了公司最后失败的原因,其实是没有能够找到持续成功并保持优势的方法或者路径。正如书名所指,创新往往是在困境下发生的,那么自然而然,创新的动力之一是在直面困难时,一次次试图突破窘境。除了企业会面临窘境,历史上的不同民族、国

---

① 张杰,刘志彪,郑江淮.中国制造业企业创新活动的关键影响因素研究——基于江苏省制造业企业问卷的分析[J].管理世界,2007(6):64-74.
② 沈国兵,袁征宇.企业互联网化对中国企业创新及出口的影响[J].经济研究,2020,55(1):33-48.
③ [美]克莱顿·克里斯坦森.创新者的窘境[M].北京:中信出版社,2016.

家也不乏遭遇危机时刻。比如以色列自然资源匮乏,但是水资源利用技术、太阳能开发技术、绿化沙漠技术使资源紧缺的问题得到有效缓解,并以创新强国在世界范围内创造了无数奇迹。

前面我们已经提到,企业要生存往往需要伴随着时代的变化且需要持续创新,绝大多数企业都面临产业周期,为了生存而选择持续创新模式以应对不同的机遇和挑战。举个有趣的例子,世界上最古老的企业——日本的金刚组,成立于公元 578 年,原本专注于木结构的建筑,但到了 20 世纪 80 年代,公司将业务延展到房地产,而后因市场竞争激烈,公司经营不善,几近倒闭,最后不得不交出了公司的经营权。金刚组的企业发展模式粗看可分为两段,一段是专注于做木结构建筑的 1 000 多年,木柱和横梁的接驳关节没用一颗钉子,用世代传承的古法,专注于自己的强项并忠于自己的赛道,再加之家族体制传承发展,用工匠精神将持续专注转换为一种企业持久的生命力,使其成为全世界历史最悠久的企业;另一段是 20 世纪 80 年代开始做房地产的几十年,多元化发展房地产即是想尝试随时代而改变企业的发展模式,但最后受到房地产市场影响,只能渐渐被市场所淘汰,面临千年企业终结的命运。1 000 多年的聚焦和专注是一种自我渐进式的革新,而近几十年转战房地产则是在面临不同时代形势下,接班人一种突破原有模式的创新,"它只是有些事情没有做对",而没能够持续成功。这两个时期的金刚组,一种是用精益求精的技术保有在不同年代造好木结构建筑的能力,另一种是涉足不同领域,以进一步寻求发展和突破。

创新源于对消费者需求的持续满足。克里斯坦森在他的另一本《创新的任务》一书中用"用户目标达成理论"来揭示创新的主要任务,即不是盲目的冒险,而是基于对客户现有或未来需求探索后的持续尝试,也指出了创新的动力是为了不断满足客户的需求。如阿里巴巴集团创始人马云曾说"阿里巴巴的使命是让天下没有难做的生意。"帮助中小企业降低运营成本,减少租金投入,及时找寻到客户,并且通过数字支付让投融资更便捷,是阿里持续在减少"难做生意"的阻碍;再比如 2016 年网易创办的"网易严选"品牌,则是强调"以严谨的态度,为天下消费者甄选优品"以及"好的生活,没那么贵",这是基于网易公司对于中国消费者寻求美好生活消费升级的深刻洞察,在供应链上的优化创新——深入供应链上游,在严格筛选知名制造商后,通过大数据对当下年轻人的真实需求喜好进行分析、判断,并向上游生产工厂不断反馈、交互信息，再按照中国消费者实际需求重新改良、再造商品，并与京东物流合作，最终提供极具性价比的商品和服务。

3.2　创新的文化

创造性活动往往根植于它产生于其中的文化环境[①]，有了创新的动力，还要依靠创新的文化营造创新的氛围，才能使得创新能够有土壤生根发芽。如以色列创新成功要归结于犹太文化几千年的沉淀，从教育和反思中获取力量，始终保有一种危机意识，在极具困难的情况下建设国家、创造奇迹，民族紧密团结以及丰富的多元化，正是这种国家包容创新的氛围，使得以色列始终保持在全球创新领域的前列，2019 年以色列在全球创新指数（Global Innovation Index）中排名第十，并且在创新中的投资相对较少（此项指标排名第 17 位），但是创新产出能力较强（此项指标排在第 8 位），也就是以色列的产出投入比较高，创新成果较为突出，本土科学家获得诺贝尔奖人数已达 8 人。国家虽小，高科技新型产业发达，科技对 GDP 的贡献率高达 90% 以上，究其根本是具有一个开放、多元、充满活力的创新生态体系，政府、学术界、军方和商界四方关联互动，形成了"创新投入—卓越人才—杰出成果—融资转化"的良性格局[②]。这不仅仅是一种创新机制，更是包容理念下重视科研、科技创新、科技兴国的国家文化。

文化传统因素往往成为研究者考察国家间组织能力和制度能力差异根源的重要切入点，因为这种差异会在很大程度上导致国家间综合竞争力的差异[③]。2020 年 1 月，中国青年创业就业基金会与中国恒大集团旗下恒大研究院联合对中国青年创业现状开展调研，并发布了《中国青年创业发展报告（2020）》，其中也统计总结了青年创业的动机，人数最多的动机是为了追求理想的生活方式（占比为 40.7%），其次是解决就业，然后是追求财富和声誉，比例较小的是为了改变世界和贡献世

①　艾克纳恩·戈德堡 . 创新大脑 [M]. 北京：中信出版集团，2019.
②　陈光 . 以色列国家创新体系的特点与启示 [J]. 中国国情国力，2014(11)：67-69.
③　李思屈，鲁知先 . 中国创新危机的破解与创新文化培育 [J]. 西南民族大学学报（人文社科版），2020，41（9）：31-40.

界,这部分反映了一个国家青年的理想和追求,虽然创业本身也是企业家精神的一种体现,但仍然可见社会服务意识、责任意识在青年创业者身上体现较少,过多地强调了个人意识。目前我国国际专利申请量已跃居世界第一,但是如此庞大的成果能否应用于社会发展真实场景并能应用于工业生产仍是较大难题,除了在技术或资金以外,更多的是文化的因素。

中外创新型企业的公司几乎都是以"客户为中心"、强调"责任"、并努力"追求卓越",随着时代变化,客户的需求会变化,企业"以客户为中心"就要不断优化客户体验,以手机为例,运行速度、续航能力、相机像素等这些功能,手机企业需要不断创新技术,使得手机使用更为便捷,功能更为强大,这就需要企业"精益求精"的文化;再比如说责任意识,这与企业的核心价值观紧密相连,网易严选在2020年初疫情最严峻、口罩价格飞涨的困难时期,以平价推出了口罩专供服务,复工复产企业防疫物资专享服务,后续还推出了专供复学的儿童口罩,4月份针对服装鞋类企业推出了扶持政策,帮助企业渡过难关,是支援武汉、抗击疫情响应最及时、动作最迅速的企业之一,体现出企业在国家特殊时期所肩负和履行的企业社会责任;"追求卓越"需要体现在产品和服务的高品质、高质量,引领行业发展的特质,这就意味着要接受时代变化、产业变革、企业转型升级所要面临的不确定和挑战,甚至要有一种冒险精神,需要有一种包容开放进取的企业文化。

表 3-1 国际创新型公司的核心企业文化

公司名称	国别	核心企业文化
谷歌	美国	激励员工、信息共享、支持创新
Facebook	美国	持续迭代、问题解决、连接全球
亚马逊	美国	做领导者与创新者、以顾客为中心、乐于冒险
迪士尼	美国	创新、品质、共享、故事、乐观、尊重
网飞	美国	自由、责任、追求卓越
NBA	美国	诚信、协作、尊重、创新
丰田	日本	至诚服务研究创造、引领时代、质朴刚毅、团结友爱、知恩图报
三星	韩国	人才第一、追求卓越、引领变革、正道经营、合作共赢
华为	中国	客户中心、自我批判、权责分明、奋斗为本、合理分配、同甘共苦、交流共赢

公司名称	国别	核心企业文化
百度	中国	简单可依赖、尊重人才、结果导向、追求极致、合作交流、创新求实
腾讯	中国	用户为本、科技向善、正直进取、协作、创造
阿里巴巴	中国	客户第一、舍我其谁、认真生活、快乐工作、信任、求变、乐观
中兴	中国	诚信、顾客至上、不断学习
OPPO	中国	本分、用户导向、追求极致、结果导向
中国建筑	中国	诚信、创新、超越、共赢
海康威视	中国	成就客户、价值为本、诚信务实、追求卓越

注：摘自李思屈，鲁知先《中国创新危机的破解与创新文化培育》，2019

　　从表 3-1 中可见，以上的 16 家公司的文化中创新被放在最为关键的位置，各个公司的核心文化中都有提及，如谷歌强调创新，Facebook 要求持续迭代，亚马逊要做领导者和创新者，并且乐于冒险，迪士尼指明要"创新"，网飞是"追求卓越"，NBA 强调"创新"，丰田是"研究创造，引领时代"，三星是"追求卓越，引领变革"，百度是"追求极致，创新求实"，腾讯是提倡"创造"，阿里巴巴鼓励"求变"，中兴要求"不断学习"，OPPO 也是"追求极致"，中国建筑是"创新、超越"，海康威视是"追求卓越"，而华为公司虽在图表的表述中强调奋斗、同甘共苦，华为的"狼性文化"一直被大家所熟知，而狼性强调奋斗、团结，学习和创新才有敏锐的嗅觉，华为总裁任正非多次以水资源贫乏的以色列改革创新举例，鼓励员工在没有资源的前提下如何打破困局，创造资源。

　　创新需要一种文化氛围，这种氛围下是鼓励创造，鼓励变革的，但它更是允许试验，允许冒险，允许失败的，因为试验了，冒险了，失败了，才会去思考为什么已知的方法无法解决现有的问题，是对问题的认知不对还是解决问题的方法不对，才有机会发现未知的问题，找到新方法，找到突破口，产生新的创造，才有创新。1982 年，曾在著名咨询公司麦肯锡工作的汤姆·彼得斯和罗伯特·沃特曼通过对美国 43 家在当时最优秀的企业进行访谈后，总结出优秀企业的八种品质，并撰写了《追求卓越》一书，该著作至今销量已超过 1 000 万册，广为世人所知。但是在 21 世纪初，也就是该书出版的 20 年后，《福布斯》对原书中的 43 家企业再次调查时,发现绝大多数的企业经营绩效已经低于同行业平均水平,作者彼得斯对此的解释说世界变化太快了,要追求卓越就要持之以恒,但是持之以恒又会站在"变革""冒险""创新"的对立面,所以总结出所谓规定的几种品质,可能就隐含着将卓越变成了一种固态,而保持卓越一定是包含一种不断变化,持续变化的创新,因此一家有创新意识的公司文化中,一定是可以包容各种尝试性的改变,而改变有可能更好,也有可能不好,在乐于看到好的改变的同时,也能包容试错,才能保有持续领先的创造力和生命力。

2021 年 2 月,北京邮电大学学生何世杰发布了连线采访苹果公司 CEO 蒂姆·库克的一段视频,在回答有关苹果每年推出各类新品,如何持续保持创新能力的问题时,库克说苹果提倡一种创造与合作的文化,来自不同领域不同背景拥有不同技能的员工从不同角度观察世界,为了"创造卓越的产品"这个目标共同合作,多元化的团队,包容的环境,相互交流合作,共同创造最好的产品,苹果的经验表明多元包容的文化,非常利于孕育创新。

3.3 创新的法治

除了文化环境,创新的产生往往还要依靠政策、法规等措施的有效实施和强力保障,使得新技术、新业态得以保护和激励。以创新颇具特色的以色列为例,1985 年,以色列颁布了《鼓励工业研究与开发法》,以资助具有创新性和技术可行或具有良好出口前景的企业;2002 年,为推动高技术产业发展,推行了《以色列税收改革法案》,并通过《产权法》《商标条令》《版权法》等严格的知识产权保护制度;通过 13 个国家部门构建创新体系,大力推进科技创新;从 1991 年起,针对中小高新技术企业推出了"孵化器计划"等。

以美国为例,美国政府一直以来都高度重视科技创新,特别是 20 世纪 80 年代,因美国的工业生产和居民消费都极度依赖石油,而二次石油危机之后石油供给紧张,油价飞涨叠加通货膨胀,美国社会面临高失业率、企业高赋税的困境,为了激发企业的研发创新,1981 年,美国出台了《经济复兴法案》,该法案的重大创新在于首次提出企业研发支出税收抵免政策,以此来鼓励企业加大研发投入;1983年提出小企业创新研究计划(SBIR),规定年研发经费拨款超过一亿美元的联邦机构要按照特定比例向中小企业发放经费,专门支持小企业与非营利研究机构的技术转让项目;1984年美国国会通过了《国家合作研究法案》,倡导大学和业界组成技术移转联盟,并且政府每年会提供一定的预算补贴;1986年的《税制改革法案》,进一步加大企业税收优惠政策范围和力度;除此之外,还有《杜拜法案》《联邦技术转移法》《国家竞争力技术转让法》《先进制造业国家战略计划》《美国创新战略》等一系列促进技术创新的政策法规,以上政策的主要目的是减轻研发负担、激发企业的研发动力和创新活力。

3.4　政府在创新中的作用

政府在创新中的作用,主要表现在构建全面的创新生态系统和创新网络,比如良好的创新氛围营造,促进产业间、企业间协同合作,原始创新的鼓励和保护,产业需求为导向的方向引导等。创新氛围方面,从当下和未来社会的实际需求出发,构建用户、企业、大学和科研机构、政府的开放性体系,比如李克强总理在2015年政府工作报告中提出要"大众创业、万众创新"理念,表明了政府在坚持创新、营造创新社会氛围方面的态度;复杂问题背后往往需要跨领域跨界合作,产业间产业内,政府和企业,企业和企业的合作方面,政府在搭建创新平台、信息分享有着天然的优势;知识产权是国家战略资源,在提升营商环境优化方面发挥出重要作用,一个国家、地区,城市和城市之间创新力竞争的底层逻辑是原创性的成果竞争,政府对于知识产权的重视态度将影响创新人才的流动;同时政府偏好和产业未来规划对企业创新较大的引导作用,比如在中国新能源汽车推行之初,政府为加快新能源汽车在日常生活领域的应用和推广,比如地方政府可通过给予特许经营权等方式保护投资主体初期利益,个人拥有的充电设施也可对外提供充电服务,比如国家为鼓励集成电路产业创新发展,针对企业给出了最高免征10年企业所得税的鼓励政策,还有些情况允许年后结转,大大表明了政府在新兴产业加大投资,持续创新的决心,大大提升整个社会对集成电路产业的关注和相关企业在创新方面的投入。

3.5 创新与教育

　　创新是教育的主要目标,教育是创新的重要实现路径。美国硅谷是教育与创新相辅相成的最佳典范,它揭示了学校与科技创新的相互依存关系。从半导体到集成电路、从个人电脑到社交网络,从新能源汽车到无人驾驶和人工智能,硅谷堪称美国和世界的科技大脑和领航员,一个面积不大的小地方,工业和科技的最新成果远超许多国家。除了适宜的天气、大量的风投资金、政府的高度重视和扶持以外,斯坦福、加州大学伯克利分校和旧金山分校等一批大学在其中扮演了重要角色,大学有助于建立所在地区互信、平等、创新的合作关系,而产业与教学相融合的模式,使得硅谷顶级企业可以作为大学生实习和实践的选择和参考模板,与最新科技零距离的视角加之顶级大学雄厚的科研背景,涌现出大批创新人才也就不足为奇了。以斯坦福大学为例,其设计学院英文名称可以简写为"D. School",因其极其受欢迎,而被很多年轻人习惯称为"Dream School",这所名为设计的学院并不是传统意义上学习服装设计、艺术设计这一类课程的学院,而是倡导要像设计师一样思考,是一所真正意义上的创新学院。这种设计为方法论的创新指引,正是科技创新所需要的工科思维、数字素养、跨学科思维,而硅谷企业能够提供这种思维实践的真实情景,以及技术实现的软件、硬件。在一种多元包容的文化氛围下,做中学、学中做,在成果的产生、反思、改进、迭代、持续改进的机制作用下创新与教育发生令人惊叹的化学反应。

第二篇 创新实践——企业如何创新

Fast Company2021 全球最佳创新公司榜单 Top10

01 生物技术公司莫德纳（开发可以长途运输的新冠疫苗）
02 辉瑞生物（率先将有效的新冠疫苗推向市场）
03 流媒体服务商 Shopify（为小商店提供生命线）
04 太空探索技术公司 SpaceX（在太空领域超越竞争对手）
05 娱乐公司 SpringHill（通过好莱坞将娱乐与社会正义相结合）
06 游戏公司 Epic Games（挑战大技术霸权，致力于打造更好产品）
07 流媒体播放平台 Netflix（让黑人观众成为其运营策略的核心）
08 帮助受冠状病毒打击的餐馆和小企业恢复的 Tock
09 微软（游戏、工作场所创新，自然灾害应急系统，2050 年消除该公司曾经排放所有碳）
10 商业分析公司 Graphika（跟踪世界各地在 2020 年及以后的选举中的虚假信息活动）

　　2021 年 3 月，美国著名杂志《Fast Company》按照惯例发布了全球最佳创新公司榜单，从榜单第一位莫德纳和辉瑞可以看出，2021 年的榜单十分重视疫情下公司重塑社会的创新能力，唯一上榜的中国企业是排名 11 位的平安好医生，理由则是因为远程医疗，也是与疫情相关。和传统商业杂志相比，《Fast Company》更关注创新和那些足以改变世界的商业想法，自 2000 年以来，杂志每年会在全球范围内寻找具有创造性商业理念，以及充满改变力量的创新公司。2020 年的榜单前 5 位分别是 Snap、微软、特斯拉、Big Hit 娱乐、漏洞赏金平台 HackerOne，2019 年的前 5 位分别是 Meituan Dianping、拼车公司 Grab、NBA、迪士尼和电子商务零售商、Stitch Fix，而 2018 年的第一位则是因 AirPods、增强现实和 iPhone X 的苹果公司。从每年的创新榜单中，可以清晰地看到世界变革和发展的趋势，但更难能可贵的是，企业为了建立更好的世界所

展现的社会责任。

本章将从金融、制造、电商、文化、教育等领域的企业创新视角,试图理清企业创新的脉络,窥探创新的规律和关键要素,从而描画一张企业创新的图谱。

第4章 金融业企业创新——更好地服务社会

　　金融起源在于促进资金的流动。金融，顾名思义"资金融通"，换句话说，凡是与"资金""资金融通"有关都可谓金融，如货币（本、外币）、货币计数、资本、利息、复利、交易、贸易、支付、融资、筹资等，凡是与"资金融通"有关业务的领域，都可以划分在金融业，如银行、证券、期货、保险、基金、信托等，它们存在的主要目的就是更好地畅通资金流，如银行通过资金借贷，将"闲钱"转向资金"需求者"，公司通过股票发行上市实现融资，股民通过买股票投资自己看好的公司，期货通过期货交易转移价格波动风险，保险通过保险费筹措和保险金赔偿，实现为被保险人分摊损失、经济补偿等作用，基金是为了某种目的而设置的资金，信托是一种受托财产管理的行为等。

　　金融业与其他行业相比具有一定的垄断性，主要原因在于货币资金，货币的发行往往代表着一个国家的货币主权，货币往往是由一国政府发行，因此具有高度的垄断性，是政府严格控制的行业，未经许可，任何单位和个人都不允许随意开设金融机构。因此，金融创新相比于其他行业创新，特别需要考虑遵循一国的金融秩序和国家法律，在金融创新往往要考虑到可能引发的金融风险，并且将受到国家金融监管部门的关注。尽管如此，有关金融的创新并不一定是国家管辖下金融机构创造的，还有可能是民间个人或机构在金融领域的创新行为。那么，金融创新的目的是什么，罗伯特·席勒[①]教授在他《金融与好的社会》中指出，一个国家的金融化程度越高，这个国家的不平等程度越低，金融的英文单词 finance 由拉丁语"finis"演化而来，最古老的意义中有一层意义就

---

① 罗伯特·希勒（Robert J. Shiller），1946年出生于美国，耶鲁大学经济学教授，著有《非理性繁荣》《金融与好的社会》《市场波动》等书，2013年获得诺贝尔经济学奖。

是"目标",席勒教授说,金融所要服务的目标源自民众,反映出每个职业的抱负、家庭生活的希望、生意中的雄心、文化发展中的诉求,以及社会发展的终极理想。这既是对金融意义的诠释,也是对金融创新方向的重要建议,即推动社会的良性发展,以下将列举 3 个例子,来说明金融创新的意义及无限可能性。

4.1　穷人的银行家——普惠金融改变世界

1974 年,刚从美国留学回到孟加拉国的穆罕默德·尤努斯,担任孟加拉吉大港大学经济系主任。而彼时的孟加拉国正经历着大规模饥荒,尤努斯开始寻找解决之道,看看如何增加种植业的产量,以求能减轻和改善国内饥饿和贫穷状况。在一次田野调查中,因为与一个做竹凳的孟加拉妇女的谈话,启发了他向穷人小额贷款的想法。他得知这个妇女每做一个竹凳既没有赚钱,还因为借钱做的生意受到高利贷的剥削,而且同村不少人都是此类情况,尤努斯随即拿出 27 美元帮她们还清了债务,并说什么时候还都可以,经过大概一年,村民们就先后把欠款基本还清了。后来这种做法开始在孟加拉国迅速流行起来,不需要任何抵押,穷人也可以获得贷款,不需要偿还利息,乞丐也可以借到钱,后来尤努斯在政府的支持下,负责成立了农村银行——格莱珉银行,主要贷款对象为贫困户和妇女,经过不懈的努力,这种模式帮助成百上千万人摆脱贫困,穆罕默德·尤努斯先生被称为"穷人银行家"。2006 年,尤努斯因为这种解决贫困问题和促进社会进步的小额贷款模式,而获得诺贝尔和平奖,在全世界引起了对这种模式的关注和实践。

尤努斯对于"人性"有两个预判:首先,他相信人性中具有无私的一面,而"无私可以成为商业社会的一部分"。其次,他认为任何人都具备创造力和创业精神,穷人的"种子"没有任何问题,但是现行经济体制没有给予他们机会,格兰珉银行模式正是基于这种对人性中无私的信任,以及对人可能性和创造力的信念,至今在孟加拉国近千万低收入家庭,还款率达到 99%。这种模式在全球 40 多个国家推行,其中包括美国、墨西哥、土耳其、中国等,在世界范围被证实为一种具有可持续性并能有效消除贫困的模式。

尤努斯的小额贷款模式为中国农村银行提出了一种思路,由于中国银行业中间业务比例高,资金成本也高,因而无法解决中小企业融资难问题,中间业务的发展能够提高农村地区信用的可获得性,有效缓解小企业的融资困境,并且能够为中小企业提供更多有效的信贷支持,从而缓解中小企业融资约束,提高企业生产效率。但是,对于农村地区这一特殊的背景和农村地区的特殊情况,我们也不能忽视。在中国农村的实际情况下,农地抵押价值主要体现为农户的土地面积、农村人力资本积累以及农村地区的人均耕地面积。在农村地区,农村的土地面积、农村人力资本积累以及农村地区的农村人力资本积累,都会为农户提供各种资本和劳动力,这种资本与人力资本相互结合的方式也就可以为农户提供更为广泛的信息服务。在农村地区,农民的土地面积、人均耕地面积对其提供贷款的意愿也会产生显著的影响,因而可以将农户所拥有的土地资本、人均耕地面积以及土地资源禀赋纳入农户的贷款决策中。

创新背后的关键词:打破路径依赖、对人性的深刻洞察

打破路径依赖:尤努斯小额贷款模式的起源是最初一次性无息无期的归还欠债,如果尤努斯也是按照高利贷的模式,只是以相对较低的利息,仍无法让妇女们从周而复始的债务中解脱出来,而尤努斯帮妇女们还清了债务,并且未要求归还期限,等同于将利息从极高降至 0,这是最为关键的一种创新,众所周知,银行的主要盈利模式之一就是存贷利息差,并且根据贷款者的信用程度或抵押物等决定贷款利率高低,尤努斯既借款,又无利息的模式,打破了原有借款的模式,如同让妇女们获得了新生的力量,他们可以为了新生的自由处境,尽情地发挥个人的能动性,从困境中重生。

对人性的深刻洞察:能够提供无息贷款,既是源于尤努斯最初的善良之心,也是因为尤努斯对人性中无私的坚定信念,以及人能发挥创造力和创业精神的基本判断,这是考虑了他方的重要视角,了解和分析服务群体,才能更好地为他们服务,这是最为难得的,更好地服务中国三农,农村金融如何发挥出最大作用,尤努斯的案例可以作为一种参考。

4.2　ATM 机的发明——24 小时的金融服务

关于 ATM 机是如何发明的有不少说法,其中较为普遍的说法大概是这样的——有这样一个年轻人,名叫谢泼德·巴伦,他是英国苏格兰的一家印刷厂的年轻经理,在一次谈妥业务之后他来到银行给书商付款,怎料时间太晚,银行已经关门,为了保住商业信誉,他费了九牛二虎之力按时把钱送到书商手上。之后,开始思考急需用钱或是汇钱的人在银行关门期间怎样克服无法办理取用现金的困难,就在他苦思冥想之际,因为看到巧克力售卖机而想着售卖机如果出来的不是巧克力而是现金,那原本困扰的问题就迎刃而解了,而这之后他就开始着手发明可以吐出钱的自动售货机,经过 2 年的精心研究和制造,1967 年 6 月 27 日,在伦敦北郊的英国巴克莱银行安装了世界上第一台自动取款机,巴伦称之为"自由银行"。

曾任美联储主席的保罗沃尔克,说过一句话:银行业里唯一有用的发明是 ATM 机。沃尔克说这句话的背景,是在批评美国金融界那种泡沫式的金融创新,指的是引发金融危机的各种金融衍生品。他认为这些金融创新本质上是在规避监管、转移风险,根本就不是创新,而 ATM 机的发明,让银行 24 小时服务成为可能,使现金及其他流程简易的服务可在银行以外的空间和非营业时间随时可及,拓宽了银行服务的时空边界。

随着移动支付、电子支付的普遍化,数字货币在雄安、成都等地试点,中国人民银行发布《中国普惠金融指标分析报告(2019 年)》指出,数字普惠金融在提供新的金融服务渠道的同时,对物理服务点、传统机具等线下服务渠道形成冲击,不少实体网点关闭,中国国内 ATM 机的数量从 2018 年以后就开始下滑,现金渐渐不再是刚需,电子支付的场景越来越广泛,老百姓往往一部手机就可以出门,而承载着现金取用功能的 ATM 似乎随着时代的发展,渐渐被其他场景应用所取代。

创新背后的关键词：问题意识、迁移思维

问题意识：巴伦创造 ATM 的动机在于解决银行网点非营业时间的取用现金问题，如果巴伦没有遇到这个具体的问题，较少概率会引发巴伦自身去设想银行如何解决客户的这一需求，"看到了"开始"思考了"，最后"发明了"，而这背后的根本起因在于遇到了不能在银行非营业时间取现的问题，由问题触发的思考，为了解决问题而产生了 ATM 机的发明。所以，许多创新往往是为了解决一个问题，而现有的资源要素无法解决现有问题时，新办法、新举措往往就顺带产生了新事物，往往就是新发明，此处就是 ATM 机，生活工作中，当我们遇到现有条件无法解决的问题时，如果能找到新方法和路径，往往创新就应运而生了。

迁移思维：巴伦发明 ATM 机的灵感是来自于巧克力售卖机，同样一种原理可以应用于一种类别的场景，而主体可能变了，比如这里从巧克力变成了现金。因而，创新并不一定要全新的方法和要素，它可以是他处的方法在此处的应用，此处的方式在他处的应用，即同种原理的迁移，如今有人用自动售卖机卖快餐、卖咖啡、借用充电宝、公共自行车等，其实都是相似的原理，只是参与的物品和服务不一样罢了。

4.3　担保交易——解决信任问题

电商发展的早期，钱与货的时空都是分离的，即买家在淘宝看中一件商品后，需要向卖家支付商品的价格和物流费用（物流费用也可能直接叠加在商品的价格中），卖家再发货给买家，但是这个机制有着严重的漏洞，即无良卖家在收到款项之后直接携款跑路，事实上早期的淘宝就在面临这个严峻的问题。如果它不能得到很好的解决，阿里巴巴的淘宝就无法发展到今天的规模，货款支付依赖于商业信誉，买卖双方如果都担心对方的信用问题，生意就很难继续。

通过和淘宝用户的多次讨论，时任淘宝网负责人的孙彤宇进一步获悉用户不愿意使用淘宝网的主要原因是对货款支付的风险有所担忧，互不信任。那么，要破解买卖双方信任问题，其中一种有效的思路就是引入第三方作为"中间媒介"，把每一笔分散的资金以及交易风险都"收归"到一个第三方主体，建立一个担保支付系统，事实上支付宝公司后来就是这样做的,并且这种模式也一直持续到了现在。当买家看中一件商品后,先将钱打到支付宝担保账户上,卖家根据信息将商品发给买家,买家在收到商品后点击确认收货后,担保交易系统再把商品的交易款项打给商品卖家。担保交易成功解决了在虚拟网络时代,无法面对面交易时,买卖双方信息不对称的问题,使得交易能够顺利进行,这对开拓电子商务市场意义重大,已担保交易为早期主要形式的第三方支付后来也伴随着电商领域的蓬勃发展不断创新变革。随着苹果手机等智能移动终端出现,互联网模式从 PC 端向移动端转换,2019 年的移动第三方支付规模已经超过 200 万亿元,并持续增长。

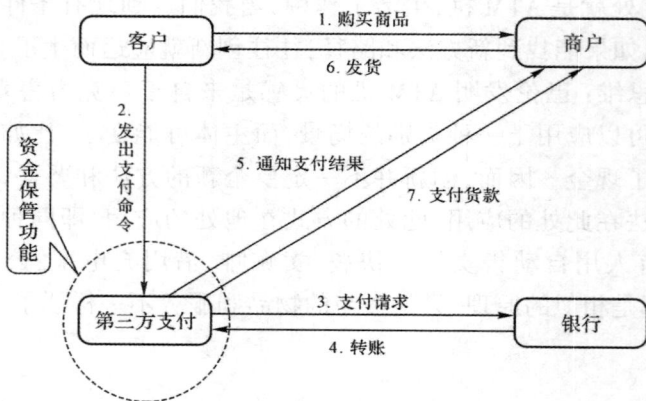

图 4-1　第三方支付简单流程图

来源:根据公开资料整理

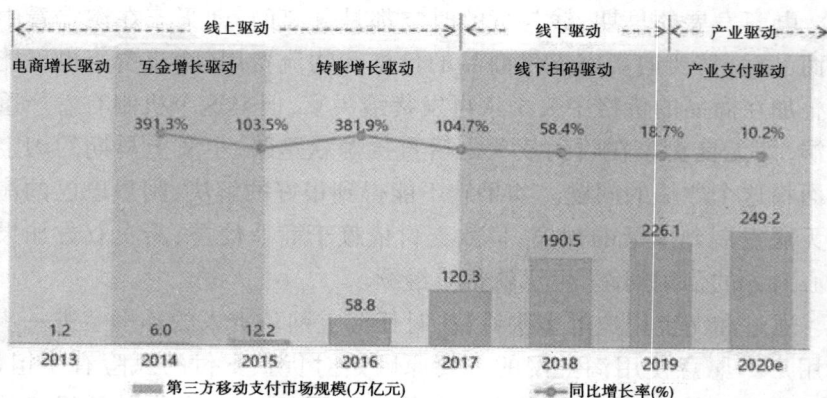

图 4-2　2013—2020 年中国第三方移动支付的交易规模

来源:艾瑞咨询

创新背后关键词：与时俱进的协同思维、用户思维

用户思维：在担保交易未出现前，支付信任成了网络购物潜在需求能否转换成订单的堵点。从用户视角出发，分析支付无法完成的场景和原因，找到客户与卖家在交易过程需要金融服务的关键点，击破信息不对称的堵点，创新就发生了。互联网区别于传统模式的优势在于连接，利用互联网买家和卖家之间通过第三方平台连接的模式，间接连接了买家和卖家。信任覆盖到所有用户，那么解决了这个问题，必然解决了信任问题。

执行力：资金既是商业活动的手段也是目的，资金问题通常是商务活动最开始面临的首要问题。互联网兴起于 20 世纪的美国，随着美国大批互联网科技公司的崛起，1999 年先后，中国也陆续建立了第一批互联网公司，进入了互联网商业的萌芽和初创时期，互联网全方位多层次渗透下的电子商务发展已是必然趋势。通常而言，一种新兴事物发生时，往往伴随着一种不和谐，即旧的方法无法让新事物自由自如地发展，就好比人长大了，身高体重有变化，需要匹配新尺寸的衣服，那么最需要做的，不是一直抱怨衣服太小，而是根据尺寸把衣服改到合适的尺寸，解决这种不和谐，通常是需要改变旧有的方法去适应新的形势，而不是努力想着旧的方法还能在哪里适用。线上购物的模式中，支付场景变了，原先的几种场景，如面对面，一手交钱一手交货，或者凭单交货，在电子商务发展之初不再适用。担保交易顺势而为，引入除买方与卖方以外的中间人的方式，用新的流程和方法，适应了新商业模式下的支付场景，这是与时俱进协同思维的经典案例。

第 5 章　制造业企业创新——
特斯拉和马斯克

"中国必须搞实体经济,制造业是实体经济的重要基础,自力更生是我们奋斗的基点,我们现在的制造业规模是世界上最大的,但要继续攀登,靠创新驱动来实现转型升级,通过技术创新、产业创新,在产业链上不断由中低端迈向中高端。"这是习近平总书记 2019 年在郑州煤矿机械集团考察时说的一番话,朴实而真切,既看到了中国制造业过去取得的巨大成就,在"量"上已经做到世界第一,又深刻地洞察到了中国制造业在"质"上的短板和不足,并指出了从技术、产业、产业链切入口的创新,以应对日益变化的全球产业竞争格局,完成从制造大国向制造强国的转变,通过制造业的高质量发展推动中国经济的高质量发展。

那么,制造业如何创新,如何掌握核心技术,如何实现突破和发展,这里想谈谈美国电动车公司特斯拉和创始人埃隆·马斯克的相关案例研究。

5.1　特斯拉

2021 年 1 月,特斯拉股价突破每股 900 美元大关,市值超过 8 500 亿美元,图 5-1 是特斯拉自 2016—2021 年 1 月的股价月线走势图,你能否想象这家公司在 2018 年 8 月打算以每股 420 美元的价格私有化退市吗,而其创始人马斯克则以拥有 1 772 亿美元成为世界超级富豪。关于特斯拉,人们最为津津乐道的是它的酷炫科技和背后的创新狂人——老板埃隆·马斯克。

图 5-1 2015—2020 年特斯拉股价趋势图

数据来源：东方财富网

2020 年 10 月，特斯拉国产版 Model 3 标准续航售价由之前的 29.18 万元降至 26.97 万元，在享受了新能源政策补贴后的价格降到了 24.99 万元，较低的价格，超高的性价比对于不少国产品牌的纯电动车产生了巨大的冲击，比如比亚迪推出的汉 EV 价格区间为 22.98 万 ~ 27.95 万元，小鹏汽车的 P7 价格区间为 22.99 万 ~ 34.99 万元，都不得不面对相似系列的特斯拉 Model 3 的正面挑战。

同一时期，特斯拉发布了拥有无极耳、硅负极、无钴技术的最新 4680 电池（在尺寸上，无极耳电池直径 46 mm，高 80 mm，故命名为 4680），功率是特斯拉以前电池的 6 倍，能量密度是之前的 5 倍。与其他大体积电池的设计一样，4680 电池也面临着热管理的问题，但是，圆柱形的 4680 直接去掉外壳来散热，4680 每千瓦时的成本降低了 14%。创始人马斯克表明，在能源密集型车型中，特斯拉计划使用 100% 镍电池，同时将钴的使用量减少到零，而其他车型将使用镍与其他化学物质的结合。钴是生产电池最昂贵的材料之一，因此这些举措不仅能降低成本，也确保了电池大批量生产的可能性。新的"4680"电池能量密度提高 5 倍，续航里程提高 16%，动力提高 6 倍，同时由于解决了连续生产问题，特斯拉电池生产线的速度提高了 7 倍。

此外，2020 年特斯拉解散了原本的核心公关团队，关于特斯拉的一手信息，媒体大多都是通过马斯克的个人推特账号获取。由表 5-1 可见，特斯拉的营销费用是大众的千分之一，比亚迪的十八分之一。

表 5-1　2019 年部分车企营销费用统计（亿元）

1	大众汽车集团 1 620.45	8	福特 282.76	15	大众汽车集团 139.04	22	法拉利 13.14
2	本田 1 065.85	9	通用 255.18	16	塔塔汽车集团 75.44	23	阿斯顿马汀 7.34
3	戴姆勒 988.81	10	菲亚特克莱斯勒 234.36	17	三菱汽车 69.67	24	玛鲁蒂铃木 7.19
4	宝马集团 723.55	11	日产 180.57	18	吉利汽车 43.32	25	沃尔沃集团 5.34
5	标志雪铁龙 499.93	12	铃木 155.49	19	沃尔沃汽车 40.43	26	特斯拉 1.86
6	马自达 499.34	13	现代起亚集团 153.18	20	长城汽车 38.97	27	宝马集团 0.21
7	雷诺 428.86	14	丰田 142.45	21	比亚迪 33.35		

数据来源：Morketing 研究院。
备注：1 不含奥迪 / 兰博基尼，4 不含 MINI，15 仅奥迪 / 兰博基尼，19 不含极星，25 仅极星，27 仅 MINI。

　　大幅降价的背后是技术创新下对零件一次又一次的更迭，使得成本一降再降，也使得产品更加具有吸引力。性价比——较好的产品质量，较友好的价格，是大部分消费者的追求，也是许多企业的愿景，然而许多产品往往无法做到价格和质量都能满足消费者需求，因为质量意味着更好的性能，特别在前期研发阶段，往往需要更多的投入，往往影响产品的定价，特斯拉 Model 3 通过对电池的不断攻坚，使用新材料降低了电池成本，降低了全车的生产成本，特斯拉不仅有硬核的技术，更有高超的营销方式，还特别能与消费者互动，不断地制造话题，开启了全新的造车理念，来打造本地消费者所需要的新车。特斯拉 CEO 埃隆·马斯克曾这样回应："特斯拉做网络直营是要确保所有的客户从开始到最后都有全链条的最佳体验。投资人希望在中国卖高一点，很多汽车厂商都这么干，但我认为不能欺骗消费者。"网络直营的代表——网上预约、网上下单购车，连售后服务也是通过互联网来解决。特斯拉目前已经完美实现了车联网技术，当车主遇到难题可直接通过无线联网或者去实体服务中心进行解决，这不仅是技术上的颠覆，更是营销模式的创新。

5.2　马斯克

　　马斯克最被大众熟悉的是他的三大事业——太空探索（SpaceX）、电动汽车（特斯拉）、清洁能源（太阳城），2018 年 2 月他的 SpaceX 上面绑了一辆特斯拉将重型火箭发射升空，一家私人公司能把火箭送上太空，这不仅仅对美国，对于全人类来说，都是探索太空的新里程碑。有意思的是，被送上太空的特斯拉引擎上刻了一行字"made on earth by humans"，车里循环播放的摇滚乐，一本科幻小说《银河系漫游指南》，这是一本马斯克 14 岁时接触的对他影响最大的科幻小说（作者认为最困难的是提出问题，一旦知道问题所在，答案也就简单了），它们将一起在太空漂浮 10 亿年，某种意义上就是人类留在太空的一份浪漫和自信。

　　能够同时在未来发展极大潜力的三大领域都有建树，让马斯克光芒万丈，粉丝成群，成为苹果乔布斯之后最受瞩目的科技人物，并且在特斯拉之前，早在 1995 年，他和弟弟创立的第一家公司 Global Link（后改名为 Zip2）是瞄准信息时代的互联网公司，这个启发源于黄页推销员对他们站不住脚的营销，他们想帮着企业上网，这家后来像是今天的点评网站和搜索地图功能结合的公司最终以 3.07 亿美金卖给康柏（Compaq），马斯克获得了 2 200 万美元，这个故事听起来和马云的中国黄页有些类似；另外一家公司则是为了建立一家国际网络金融服务机构，早在 1995 年，马斯克就宣称金融业转向互联网金融是大势所趋，最终 paypal 联合创始人的马斯克，从 paypal 卖给 eBay，马斯克完税后净赚 1.8 亿美金。大家都好奇，马斯克的成功是不是有规律可循，似乎他可以做成任何一件想做的事，而且几乎每件都具有原创性，马斯克曾经说过，如果你真的想做一些新的东西出来，那就必须依赖物理学的方法。

　　马斯克在他几次公开大学演讲中都提到了他自己创新思考的方式——第一性原理[①]，它是用来解决复杂问题和产生原创解决方案的最

[①]　第一性原理源自于 2 000 多年前古希腊哲学家亚里士多德，他提出"在每一个系统的创新中，都存在第一原理，这是一个最基本的命题或者假设，不能被省略或者删除，也不能被违反"。

有效策略之一,透过现象看本质,也是学习如何独立思考的最有效方法。马斯克说:我更倾向于从物理学的角度看待世界,物理学教会我运用第一性原理去推理,而不是用类比思维去推理。

比如特斯拉是做电动汽车,最初大家不看好电动汽车,最主要的一个原因是电池技术,因为电池的改进和降价不像是短时间就能突破和完成的,这意味着电动车很难有一个较低的价格打开消费市场,真正走向普罗大众;另一个是充电桩,有一辆电动车但是找不到充电桩,无法及时充电,容易让人陷入有车开不了的尴尬。马斯克当然也看到这些因素,他是如何思考解决这些问题的,既然难点和阻碍在于昂贵的电池,那么电池是由什么构成? 是铁、镍、铝这些金属,这些金属本身并不贵,而且除了这个成本是无法节省的,其他成本都可以通过优化降下去,降到无限逼近于这些金属本身的价格。接下来,就是要做到实现这一想法的技术,于是马斯克摒弃当时市场上所有的生产电池组的已有技术,把电池组的构成物质全部分解,还原成最基础的材料,然后再把原材料每个部分再细致分析实验,并把每项工作流程再优化充足,终于整合成当时能大幅度降低电池生产成本的电动汽车。而之所以进入新能源汽车领域,也是因为看到能源消耗的严重性,使用电能则能解决这一类问题。同样的,当马斯克准备开发火箭的时候,他面临的第一个问题就是火箭成本,于是他开始思考"航空用铝合金、钛、铜和碳素纤维"这些组成火箭的材料只占火箭开发费用的2%,为何火箭成本还是如此之高,如何降低其他非材料成本,在这样的思考下,SpaceX以670万美元成功发射了猎鹰1号,关键是成本削减至了原本的十分之一。特斯拉获得的巨大成功跟创始人马斯克其人紧密相关,可以说没有马斯克,就没有特斯拉,没有SpaceX,没有Solacity。

创新背后的关键词:冒险精神和好奇心、专注和努力、热爱阅读、工科思维、硅谷文化

冒险精神和好奇心:马斯克出生于非洲,一个极具冒险精神的家庭,外祖父是一个冒险家,用放任自由的方式来抚养孩子,并且信奉"你能做成任何事情,只要做出决定,然后放手去做。"而这种冒险精神也促使他一次次去挖掘问题,找到问题的解决方案。

专注和努力:五六岁的时候,就能集中精力在一项任务上。创业以后,成日地待在办公室,晚上睡在睡袋里,别人工作 20 小时,他工作 23 小时,这种对追求成倍的努力和专注,是很多人做不到的,也造就了马斯克永不放弃的特质。

热爱阅读:在《硅谷钢铁侠》一书中描述他小时候“每天读书 10 个小时是家常便饭”,“两套百科全书读得烂熟于心”,开拓互联网金融市场时由于从业经验不够丰富,购买了了解内部运作机制的书籍。

工科思维:从小的阅读和实践经历,宾夕法尼亚大学的物理学学习经历,让马斯克可以用物理学第一性原理去思考解决问题,或许这也是创新的关键,也是培养创新力(主要是技术创新)时必不可少的思维。谷歌的创始人拉里佩奇是马斯克的超级粉丝,他也说过“我认为我们没有用这种观念教育人们,你应该具有广博的工程学和科学背景,受过一些领导技巧训练、MBA 培训或有经营业务、组织活动、筹集资金的相关知识”,这其中可能教育中较为缺少的就是工程和科学思维,因为它们通常需要直面问题,探究解决问题的思路和方法,在这个过程中知识在应用场景得到反馈,在挖掘原因中找到各种方法,产生创新思维,这也是现在编程、STEAM 教育盛行的其中一个理由。

硅谷文化:360 公司董事长兼 CEO 周鸿祎曾说,只有美国才可能取得马斯克这类创新的诞生,他说美国有大批的风险投资家、电动汽车、火箭、新能源的专业人才,灵活便利的创业环境。吴军在他的《硅谷之谜》中提到,硅谷对于创新创业的优势,是宽容、失败、多元文化的包容,是斯坦福大学、加州大学伯克利分校等这样的顶尖院校,所以硅谷最鲜明的特点应该是包容。

5.3　对中国制造创新的思考

中国是制造大国,但不是制造强国,而制造业从数量向高质量转变靠的是什么,靠的是底层的技术、靠的是创新的机制、靠的是对知识产权的保护,针对中国制造业如何创新,提供几条创新思路:

第一,复盘创新的价值,创新企业稀缺的发展是企业的价值所在。企业要梳理好增长与发展的关系,从“0 到 1”比从“1 到 N”往往更重要。经济学家熊彼特在他的论著《经济发展理论》指出 1 到 10 000 其实是增长,从马车到汽车才是发展,相当数量的企业家思考的是如何能向更多的人提供产品和服务,想得是从 1 到 N 的过程,不断琢磨商业模式,其实这背后的关键问题是判断什么是消费者需要的产品和服务,而不是过于依赖商业模式和营销,消费者的喜好会随着所处的情境发展变化而变化,需要的是不断保持产品或服务创新,有更多的机会从"0 到 1"满足消费者,坚持第一性思考是极为重要的。

第二,复盘创新的主体,创新企业的活力所在是企业家,制造业需要工程思维和科学思维的企业家。马斯克带领企业前进的路上,他自己可以写代码,研究电池材料,提出相应的意见,把 Model 开回去一趟,回来就可能写出 70 条修改意见。华为总裁任正非在一次采访中曾经说过,中美贸易战的深层次原因,"芯片问题,光砸钱不行,要砸数学家、砸物理学家",其实正是物理学、化学、数学反映出了基础科研的深度,而新兴产业中集成电路、新材料、生物医药、信息电子等都与这些学科的科研息息相关。

第三,复盘创新的环境,企业创新的短板在创新环境。这个创新环境既包括初创期所在的创业氛围,也包括从小到大的创新教育,教育需要给学生更多包容和机会。马斯克几次创业都获得了创业融资,遇到了伯乐,他也感觉到硅谷就是乐土,既可以包容他的创新,又有资金可以支持他的创新,硅谷风险投资集聚与创新型企业和高科技产业发展形成良性循环互动,从而打造了全球最优创新生态系统,我国制造业创新也需要注入包括中国风险投资在内的全球风险投资来畅通科技、资本、产业高水平循环。

另一个环境因素,则是从小到大的创新氛围,也就是成长环境对于个人创新能力构建的助推,这是个较大的命题,将在后面章节着重论述,2014 年马斯克投资近百万美元成立的一所名叫"Ad Astra(向着群星)"的学校,他说"我要做的是一种截然不同的教学方式,让教育适配孩子,不是孩子适应教育,应该创造一个环境,让孩子去探索自己身上的天赋,慢慢找到最想做的事情,为了最终的兴趣聚焦,让孩子广泛地接触不同的事物"。Ad Astra 首先取消了全世界广泛使用的年级制度——不通过年龄,而通过能力和兴趣评估,把学生编到不同的学习小组。虽然这只是个小规模的实验性的学校,也反映出这个创新达人对创新教育的思考和贡献,找到自己的兴趣并且专心聚焦,这是多么正常但是在教育体制下往往很难做到的事,"拼命的中小学,迷茫快乐的大学"这一局势亟待改变。

第6章 电商业企业创新——畅通人流、物流、资金流、信息流

我们来看看以下一个情境：天气变冷了，小明的妈妈需要他在网上帮忙买一件毛衣，小明打开手机，在想他应该用哪个 App 应用程序购买——淘宝网品类很多，可以有很多选择，但有时候品种太多了，看得眼花缭乱，京东上买可以很快就拿到手；如果追求价格，可以上拼多多看看，或者直播端口看看有没有相应的直播正在或即将进行，如果不追求品牌，也可以上网易严选看看，这个平台性价比还是蛮高的，质量也不错，如果追求品牌，还可以看看唯品会，有品牌的商品一般质量可能有点保障；还有美团，有附近连锁大超市能买到的品牌。小明在选择平台时的思考，正反映出中国国内跨境电商的各类运行模式。

6.1 淘宝网，与 eBay 竞赛

阿里巴巴作为中国和世界 Top 级的公司，成立于 1999 年，是马云带着 18 人创始团队在他杭州的公寓里起步的。2003 年，阿里诞生了它的重量级产品——淘宝网，那么淘宝网是在什么样的情境下创造而生？在阿里巴巴曾经的市场副总裁 Porter Erisman 的回忆录里，马云曾在2000 年的某一天，告诉他："我开始关注市场并意识到，就在不久的将来，eBay 将尝试在中国积极开展业务。他们从消费者开始，但随着时间的推移，他们将开始追赶阿里巴巴的批发商，竞争是不可避免的。所以我决定，我们唯一能减缓他们的方法，是启动一个网站，直接与他们的中文网站竞争。在办公室召集了 6 个人。我告诉他们我有一个秘密计划给他们。如果他们有兴趣，他们将不得不首先从阿里巴巴辞职，然后

在一个秘密地点工作，他们不能告诉他们的朋友或家人他们在做什么，他们甚至不能告诉阿里巴巴的任何人他们在做什么。我给了他们几分钟时间考虑这个问题，并告诉他们，如果他们不感兴趣，他们就不必接受这份工作，他们可以简单地回到阿里巴巴的职位，完全不必为此感到难受。几分钟后，他们都回到房间说，Jack，我们做！"这个产品取名叫作淘宝，意思是"寻找宝藏"，后来它成为国内最大的电子商务网站。与淘宝网有关的创新还有天猫商城、聚划算、"双十一"等，2010 年淘宝"双十一"全天成交额为 5 200 万元，而 2020 年为 4 982 亿元，超过 450 个品牌成交额过亿元，淘宝成交额增长的背后，是中国消费升级带来的巨大红利，而这些背后正是因为淘宝网在过去 10 年充分抓住了互联网电子商务的机遇，用技术开拓了信息流，用平台积攒了人流，用支付宝畅通了资金流，三者尤为明显，幸运的是，过去 10 年也是物流迅猛发展、量质齐升的 10 年。

创新背后的关键词：领导力、冒险精神、精益求精

领导力：如果没有马云等团队领导者对于时事时局的把握，分清电子商务未来的趋势，果决判断，并组织团队潜心研发，就不会有 3 年后淘宝网的诞生，多少创业者的回忆录里写着遗憾与不甘，自己看到了趋势，但是没有及时下决定，错过了机会，错过了风口，京东的刘强东在一次对外的采访中提到，在很早的时候，他们团队就看到了"云"的机会（这里的云指的是云技术），但是由于各种原因，没有采取行动，还是错过了巨大的商业机会，谈起这个故事，可以看到刘强东脸上的无奈和放不下，机会就是这样，稍纵即逝，因为竞争对手不会给你机会。

冒险精神：从 Porter Erisman 的回忆录里看出，淘宝网的诞生经历了 3 年左右的时间，研发创新产品的时候，往往都是看到了趋势，但是也看到了时间成本，许多人因为惧怕于时间的考验，在未知和不确定面前，不敢轻易冒险，永远也不知道自己是否能做成产品，永远只是停留在想法或假设上，没有勇气实践实验。

精益求精：阿里系的产品，淘宝网、天猫商城、聚划算、淘宝直播等，几乎所有产品的诞生，都是从客户如何提升购物体验，将产品和服务做到更好而诞生，以客户为中心的产品创新，其底层的策略，就是精益求精的态度和行为等。

6.2　为什么京东可以

2014 年,京东集团与腾讯控股有限公司宣布建立战略合作伙伴关系。同意以约 2.15 亿美元收购京东 3.5 亿多股普通股股份,占上市前在外流通京东普通股的 15%,京东将收购腾讯 B2C 平台 QQ 网购和 C2C 平台拍拍网的 100% 权益、物流人员和资产,以及易迅网的少数股权和购买易迅网剩余股权的权利,至此拍拍网退出了与淘宝网竞争的历史。这里有个挺有意思的问题:为什么拍拍网没有打败淘宝网,而京东从各类电商的群战中闯出了市场地位,占有一席之地,为什么拍拍网不可以像京东可以成为 BATJ 中的一员? 通常的思维,一般都会分析拍拍网做到什么,哪些没有做对,可以作为一种经验教训,这里更值得分析的是,在没有特别机遇的情况下,京东做了一些什么样的创新,而其他同类企业没有,关注点在做对什么,而不是始终关注自己做错什么,因为有时候错误没必要纠正,只要停止就可以了,关键是要坚持做对的事。

京东创始人刘强东多次在公开的演讲中提到企业成功要素,关键之一是给行业带来成本的下降和效率的提升。细数京东众多战略,最为人所称道的就是自建物流系统,大大提高了物流的时效,占据了物流的"天时地利人和",在 2020 年新冠疫情爆发初期,你仍然可以在京东上下单买到一些生活的必需品,并且往往也能隔日达到,如果说物流有压力测试,疫情就是对物流公司的压力测试,在突发事情下能否保持自己的速度和服务。事实上,京东物流从最早的"千县万镇 24 小时达"到包括京津冀、长三角、成渝、长江中游、中原、关中平原等全国十余个城市群的京东物流"半日达"(即"211 限时达"),到"24 小时达"城市平均覆盖率近 95%,并且时效服务范围持续扩张,全面推动了区域战略融合发展。这个过程中,京东并没有提供特别的、新的产品,也没有特殊的促销策略,只是优化了购物的流程,弥补了从下单到收货的时间差,而这个时间差正是线上购物相比于线下购物的一大劣势,"次日达""半日达""一小时到家",京东通过不断优化物流网络,持续缩短交易的交货时间,客户可以提前享受到商品的服务,缩短了线上购物和线下购物的距离,减弱了线上购物下单与收货的时间差,大大提高了客户的购物体验,最关键是,集中资源自建物流系统,虽然耗费较大成本,仍在京东内部也有争议,但是解决时间差这一问题,大大提升了客户的用户体验,人工智能领域,就不得不提到京东物流的智能快递车,属于前述提到的精益求精。

从另一个角度讲,最早的时候,腾讯的拍拍网想与阿里的淘宝一较高下,但是腾讯采取的是同类竞争,缺少创新,而京东找到了错位竞争的突破口——物流,大大提升了其在行业的竞争力。事实证明,想要分一杯羹,得先开辟一扇自己的门,而后京东用人工智能、5G、大数据等科技手段与物流链深度结合,京东物流机器人、京东智能快递车、自研无人机、绿色物流等也得到大家的认可。

这里不得不提到另一个腾讯与阿里的竞争产品——微信与钉钉,在钉钉刚上市时,阿里的全体员工都在卖力推销钉钉,但是与腾讯的市场占有率比收效甚微。直到钉钉找到与政府合作之一差异化路线,微信在许多人看来是面向私人领域的,虽然办公也会用,但是对公业务功能方面有着较多缺陷,钉钉采取了差异化策略,深耕产品,在新冠疫情期间,因为线上课的契机,一跃成为手机软件市场下载量第一的产品,也是差异化战略下精益求精的典型例子。

创新背后的关键词:差异化竞争、精益求精

以产业中的物流环节为突破口,与同类电商开展差异化竞争,不比价格,比物流,比交货时间,比用户体验,比谁更懂用户,谁能以用户思维找到用户的爽点,并且精益求精地打造自建的物流系统是京东在电商大战中立于不败之地的重要筹码,简单来说,就是差异化找到突破口建立自己的优势,然后持续地保持这种优势。

6.3　从突围到包围的美团

2021 年 1 月 19 日,美团股价创造历史新高,突破美股 360 港元,市值突破 2 万亿港元,较国内企业仅次于腾讯、阿里巴巴和贵州茅台。很难想象这是一家只有约 10 年历史而且上市才 2 年多的公司,2015 年,美团与大众点评合并时,估值约 150 亿美元。美团在十年中有两次"突

围"格外引人注目,一是从千团大战中脱颖而出,二是从团购网站逐渐演变成本地生活的服务商,特别是在外卖领域的后来居上。一方面,团购大战如火如荼地补贴打广告之际,美团选择建立强大的地推团队,保有一定的现金流,从而避免在乱战中失去方向和竞争优势;另一方面,在许多人以为电商已经被阿里、腾讯、京东占领的时候,美团等通过"团购+"和"外卖"的模式覆盖"吃住行"等,打开了本地生活服务的商业通道,既结合了团购的优势,又用电商解决了生活中的"最后一公里"的问题,将商品快速送达消费者,这本质提供的是一种服务,因为没有时间去亲自取货,消费者为服务买单,付外卖费,美团为服务定价,美团成了一家有别于淘宝、聚划算、携程等的本地生活服务商,又是一个在产业链、供需方,不断复盘找寻到差异化竞争所在的经典案例。而后,美团又将服务领域延伸到了娱乐休闲、旅游酒店、家居装修、骑车、公交、生活缴费等其他生活场景,几乎覆盖了食、住、行、游、购、娱日常生活的方方面面,不知道会不会在衣这个领域也有创新。

美团成立
3月成立,8月获得红杉资本 1200 万美元 A 轮投资

美团外卖上线
比饿了吗成立晚,但 2016 年超越了对方

美团港交所上市
发行价每股 69 港元,融资 326 亿港元

2010　2011-2012　2013　2015　2018　2021

千团大战
团购网站超 5000 家
美团胜出

美团和大众点评合并
估值 150 亿美元
美团胜出

美团突破 2 万亿港元
腾讯、阿里巴巴、
贵州茅台之后,市值第 4

图 6-1　美团发展简史

数据来源:根据公开资料整理

创新背后关键词:观察思维、用户思维、差异化竞争

与同类企业相比,美团没有采取相同的竞争策略,而是观察和寻找差异化竞争领域(资金流、地推),并且选择与已有一定市场份额的电商巨头错位发展的错位选择,使得美团在梳理公司目标定位时找到了拥有巨大受众群体、高频、刚需的空白市场,最终构建起了自己的市场战略创新蓝图,畅通本地生活服务领域(人流、物流、信息流)并筑起了一道护城河。

6.4　网易严选的好物

如果说美团用差异化竞争找到了空白的市场领域,那么网易从消费者需求中找到了创新的方向,用网易的广告词叫"用严谨的态度,为消费者甄选天下",一句话就看出了严选的竞争力所在——严谨甄选,做国内首家 ODM(原始设计制造商)模式的电商。淘宝网虽然产品门类属全网之最,但是产品品质也是全网最杂;京东虽然快,但是品类也是参差不齐,非知名品牌商品,非自营店的商品,质量品质消费者不能说完全放心。在众多电商模式下,网易找到了自己的创新突破口,即提供质量较好、价格适中但不一定有品牌的好物,去掉了品牌的价值,满足消费者品质消费的同时,想消费者之想——获得较高品价比。这与企业领导者和管理团队对行业的深刻洞察紧密相关,网易严选 2016 年成立,网易创始人丁磊 2017 年就强调"新消费"理念,观察者"90 后"个性化、偏好小众的需求,企业的创新常常源于企业对于消费者的深刻洞察,帮助好的中国制造产品对接品价比高需求的消费者,这本质是畅通信息流。

2018 年,财经媒体人吴晓波采访丁磊时问了一个问题,"过去十年,三件你觉得比较难忘的事",丁磊回答"公司业务从 PC 端到移动端的转移、网易公开课(互联网的核心思想是创新、分享和公平)、互联网改变传统农业(以养猪举例)",PC 到移动端使得消费者更便捷地了解获取信息,网易公开课使得教育打破了物流空间,视频可以分享给更多的学生,互联网让猪肉可溯源,都是畅通了信息流的典型案例。其中网易公开课让丁磊印象最为深刻,能够有机会把世界顶尖名校的好课带入中国,因为一个学生往往因为选课问题,没有能够上自己心仪的老师的课,关于这一点,他特别用自己的大学物理课举例。丁磊认为自己印象最深的还是自己的创新和努力,怎么去影响和改变这个社会,足以见得一个企业家的情怀和社会责任感。

创新背后的关键词:基于情怀的行业洞察和敏锐感

网易的创新一是靠情怀,公司团队在创始人丁磊带领下树立为消费者创造更美好的生活,更好地影响社会的价值观和公司文化;二是靠敏锐的行业洞察,创新不能只靠情怀,在已经有淘宝、京东、美团等对内电商平台的时候,网易看到了跨境电商巨大的商业机会,2015 年创办了网易考拉,在积累了一定电商经验后,网易团队洞察到了中国消费升级下消费者对于优质产品的美好向往以及国内高质量生产出口转内销的巨大机遇,2016 年创办了网易严选。除此之外,还有网易云音乐、网易蜗牛读书,都是探索在消费升级下如何满足消费者日益增长的新需求,更好地为社会创造价值。麦肯锡《2020 年中国消费者调查报告》显示,中国消费者对国产品牌认可度有所提高,希望国产品牌能提供满意的高质量产品,网易严选恰好可以在这个赛道深耕。做电商的人很多,网易较早地发现了跨境电商的巨大机遇,较早地推出自主品牌的严选商品,都是基于改变世界的情怀和紧跟时代发展的敏锐,通过畅通信息流,用匠心打造用户的美好生活,提供最好的用户体验。

6.5 玩转社交电商的拼多多

有了淘宝网、天猫商城、京东商城、网易严选、唯品会等网站,电商领域的竞争门槛和壁垒越来越高,同质化的小公司,几乎没有生存空间。拼多多创造了一种社交团购的电商模式,拼团薄利多销是拼多多的本质,如何拼团,需要消费者利用自己的社交网络,自行组团完成,即可以较低价格购买到相同商品,即抓住了部分消费者价格敏感的心理,又通过消费者的人脉网络,成功将消费者变成自己的推销员,将商品推送给更多潜在消费者,这是一种与淘宝、京东、网易严选截然不同的创新模式,而它创造的就是流量。

我们来看一个普通的经济学公式,销售额 $S=$ 价格 $P*$ 数量 Q,在预期目标销售额不变的情况下,如果要满足消费者低价的预期,只能不断提升产品销售量,如何提高,传统的广告、口碑营销效果有限,拼多多成功用创新思维,鼓励消费者通过社交网络共同团购的模式,既无限扩大销售量,又成功鼓励消费者变相成了企业的"销售",这是经典的商业模式创新,这背后体现出创始人黄峥对于商业本质的深度剖析和商业模式的精心设计。2020 年 10 月,拼多多 5 周岁生日时,黄峥表示拼多多要在农业领域继续做大量重投入和深度创新,"我们愿意去做大量的重投入,深度的创新,愿意扎扎实实地改造我们的传统农业,符合消费者生活习惯的转变,实实在在地解决老百姓每天的生活问题,能让他们得实惠,提升生活品质,不管赚不赚钱,都符合我们'为消费者创造价值'这个核心。商业的本质无非是从买方到卖方的交易,卖方要把商品交付给消费者,必然要以消费者为研究对象、服务对象,想消费者之所想,才会有拼单模式的突出重围。"

创新背后的关键词:社交网络、用户心理、错位竞争

第一,开拓社交电商的商业模式,从原本的消费者找货,变成货找消费者,让有意向的消费者利用自己的社交网络去寻找一同消费的人,而社交网络的传导方式使得活跃买家不断增加,拼多多的流量也不断增加,这是电子商务经营模式下极为重要的影响因素;第二,抓住用户心理,拼多多给人的一个特征是便宜,通过"低价"策略吸引了价格敏感型消费者,减低了消费门槛,满足了只要求基本功能和质量,对价格较为看重的消费群体需求,这些人可能是三四五线城市和农村的消费群体,也可能是一二线的消费群体,因为对所有品类商品都是高标准要求的人还不占多数,除了拼团以外,砍价、红包提现等不同方式丰富了互动体验;第三,错位竞争,社交营销创造了与淘宝、京东、唯品会、网易严选等不同的用户消费场景,以满足不同的用户消费需求,属于差异化竞争策略。

6.6　对中国电商企业未来创新发展的思考

一要坚持差异化竞争。在已有的电商赛道,无论是淘宝、京东、美团、网易严选、拼多多,都已经是独角兽企业,相似的商业模式,不仅对于消费者缺乏吸引力,无法对抗现有企业强大的技术支持,如要进入这一领域,唯有差异化创新。

二要抓住业务核心,坚持以"客户为中心"。电子商务只是将交易搬到了线上,而交易本身并没有发生变化,即货从卖家到买家,资金从买家流向卖家,而业务的关键是客户有购买意向和能力,客户产生需求,在这个过程中"以消费者为核心"通过新技术不断地优化人流、物流、资金流、信息流,关注消费群体的变化,或许是找到差异化机会的必

要思路。

三要重视研发投入,以上各大电商平台底层技术支撑是互联网、人工智能、大数据领域最新技术的应用,如何集聚和消化大人流、大物流、大信息流、大资金流,技术创新可能是最重要的方式。

附:生活中小微企业的创新故事

40平米女装店创百万销售额

在每个城市,走在大街上,走进不同的店铺,你仔细观察就会发现,不论是卖服装的还是卖奶茶的,有的店生意兴隆、人满为患,而有的店人流稀少,这两者之间的不同究竟是什么原因造成的?产品本身?店铺的地理位置?老板营销策略?当你静下心来观察和思考时,你可能在比较旺铺和其他店铺的区别,试图找到原因。2020年的国庆,我路过家乡的一家女装店,对其印象极其深刻,店铺开在人流量极大的银泰城附近,跟商场只隔着一条小路,一出商场的星巴克就能看到沿街店铺,店铺多为玻璃透明橱窗和大门,远望过去,一家女装店尤为热闹,装修简约,以年轻人喜欢的INS风为主,橱窗陈列着新款服饰,仔细观察一路的店铺,只有这家多得人挤人,我好奇地走进这家店铺,店里的款式多为流行服饰、鞋类和饰品,几乎每个买单的客户,老板都会让他们加一下店铺的微信,不方便时也可以在微信上选购。

我后来也加了这家店的朋友圈,想看看老板是如何营销的,发现老板确实有几点过人之处:首先,加微信的方式并不新奇,这为线下店铺拓宽了营销渠道,使不方便来自己店的客户,可以选择在朋友圈选品,使购买行为更为简单直接;但是,许多加朋友圈的商铺会在某些时候疯狂上新图,以至于引起客户的反感,不但没有赢得关注,反而被删除好友,而这家店铺每天都会上图,但控制在5条左右,还会报出商品的价格,让客户在进一步咨询前已经有了初步的心理准备;另外,店铺定期推出满就送或充值活动,不断晒出店铺真实买家秀,店铺火爆的销售场面以及客户的买单记录等,再后来,我看到的是店铺的招聘信息,现有销售忙不过来,已经连吃饭的时间都没有了。

众所周知,互联网使电子商务得到快速发展,线下店铺越来越难,特别是新冠疫情爆发后,地摊经济都开始火爆了,这家小小的女装店经营为何如此出众,40平米的小店,日营销售额达到4万～5万元,一年几百万的销售额。无论哪一种原因，当创业者想要开一家店的时候，许多时候就是在一张白纸上重新画图，选品、选址、选择服务态度和促销、营销策略，而且在经营的过程中不断地调整，以新的方式应对新的经营环境，不断地强化新的优势，改进无效的方式方法。衣、食、住、行、娱领域的商品大多数属于日常的消耗品，简单的模仿可以有个基础的起步，但是创新可以超越原本并越来越好。我思考着，如果再有一个人模仿她这套方法开在她隔壁能否成功，我觉得还是有很大概率可以模仿，这并没有太大的创业壁垒，更多的是营销策略，性价比高的产品、节假日的促销优惠、及时的现场真实买家秀和晒单、清晰的报价，但有一点，这家老板稍稍与其他店铺老板不同的是，她既善于观察，一旦有客户走进这家店，她会以自身的经验和眼光在客户试穿时点评，好的表扬，不好的再推荐其他合适的商品，更会谈及对方除服饰外的其他方面，比如发型、妆容，给予最为真诚的意见建议。

创新是什么——为了做得更好而有所改变，如果按以上的案例，为了做出更大的销售额，从产品上下功夫，从对消费者的营销上下功夫，创新不是一定要有个具体的发明，创新可以是一套好的运营模式，它只是删改或优化了某个环节，而让整体运行更顺畅，更能达成目标。什么是一家服装的经济目标——最大化销售额，这是每个店铺的目标。

为什么这家店铺可以达到日入几万，而其他多数小店铺做不到呢？这是个极其有意思的问题。像极了我们生活中遇到的各种问题，同样是高考，为什么不同的同学考分会不一样，同样是在公司做营销，为什么有的业绩极好，而有的因为几个月没有业绩而被辞退，这里面除了天赋、努力以外，有没有因为做了不同的方式，而使状况有所改变，微小的创新甚至可以只是一种改变，改变之后使面临的状况有所改善。

创新背后的关键词：观察力

所以，创新需要一种对事物变化的察觉和反省，创新者需要有敏锐的观察力，觉察到机遇、危机和可能性，进而采取应对措施，当状况微小改善时是微创新，当状况得到较大改善，改变甚至创造出新的有价值的事物时，创新就变成了创造，创新可能是 0 到 1，也可能是 1 到 N，女装旺铺超强销量的背后就是产品从 100 到 10 000 的营销策略的创新。

多数创新的最开始是要观察到困难、难题、需求，至少要觉察到变化。1928 年英国细菌学家亚历山大·弗莱明为了解决第一次世界大战中的伤员伤口感染问题,为消灭最常见的病菌葡萄球菌,他把所有细菌培养基一股脑堆在了实验室角落的长椅上。结果,他发现其中一个培养基不慎被霉菌污染了,霉菌周围一圈的葡萄球菌都被杀死了。当时的卫生条件不怎么样,培养基被污染这种情况其实很常见,大部分的研究员都会把异常的培养基丢掉,只有弗莱明下了一句很著名的评论:"这很有趣啊。"发现了世界上第一种抗生素——青霉素,在用显微镜观察培养皿时弗莱明发现,霉菌周围的葡萄球菌菌落已被溶解。这意味着霉菌的某种分泌物能抑制葡萄球菌。此后的鉴定表明,上述霉菌为点青霉菌,因此弗莱明将其分泌的抑菌物质称为青霉素。青霉素挽救了成千上万的伤员及病人的性命,并且开创了抗生素时代,因此,1945 年的诺贝尔生理学及医学奖颁发给了弗莱明、弗洛里及钱恩三人。

　　发现变化,发现不同,发现可能性,是人和企业改变求创新需要做到做好的第一步。就像很多时候做的对比研究、实验、测试,都是为了与已有认知(比如报告、印象、知识储备等)比较,观察到不同,判断是机遇还是挑战,如何调整做到更好。

第 7 章 文化业企业创新——让文化活起来

文化兴则国运兴,文化强则国运强。那么文化是什么,国学大师梁漱溟先生在他 1949 年出版的著作《中国文化要义》中这样介绍,"俗常以文字、文学、思想、学术、教育、出版等为文化,乃是狭义的。我今说文化就是吾人生活所依靠之一切,意在指示人们,文化是极其实在的东西。文化之本义,应在经济、政治,乃至一切无所不包。"与梁漱溟观点相似的还有英国文化研究大家雷蒙·威廉斯 [①],他将文化界定为"一种整体的生活方式",文化属于多数人而不是少数人的专利,并提出了"文化即生活"的观点。

文化创新是我国创新驱动战略的重要组成部分,是文化产业高质量发展的动力所在,是全球化开放环境下传递文化自信的重要方式。那么,对于文化本身的理解以及文化传播的方式决定了文化创新需要做什么,能够做什么,能够有多大的影响力和感染力。

7.1 故宫的创新之路

2019 年 4 月 8 日,故宫博物院第六任院长单霁翔完成了他守护故宫的使命,顺利交棒至第七任院长王旭东。至此,单霁翔这位一双黑布鞋,一身便服,对故宫珍宝信手拈来、妙语连珠的网红院长,结束了他战战兢兢、如履薄冰,但又是战绩卓越的故宫院长生涯,用他自己的话说,他所做的一切都是为了"把壮美的紫禁城完整地交给下一个六百年"。2019 年 12 月 19 日,故宫年客流量达到 1 900 万人,成为世界上参观人数最多的博物馆,除了参观人数外,2018 年故宫门票收入达 8 亿元,而

---

① 雷蒙·威廉斯(Raymond Williams, 1921—1988)是 20 世纪中叶英语世界最重要的马克思主义文艺批评家,是英国文化研究的灵魂人物和传播研究的启蒙者。

文创收入在 2017 年末已达 15 亿元。《上新了，故宫》等文化节目，刷屏网络，网红的文创 IP 成为年轻人热衷的随手礼，正是创新，让 600 年历史的故宫生动地"活了起来"，也让人们有更多的机会细品传统文化，让传统文化走近人们的日常生活。

2012 年上任以来，单院长采取了一系列的改革措施，如解决博物馆进门时的文化观感和安全问题，决定让所有人步行进入紫禁城开放区；为了控制故宫超高的人流量，保障故宫安全、观众安全，实施每天 8 万人次限流措施；顺应时代发展，符合当下在线购票的方式，开发多元的购票方式，既控制人流又节约时间；拓展故宫各路参观区域，即实现分流，又增加了故宫对公众的开放面积；成立故宫文物医院，科学修复和守护文物国宝；结合数字技术，打造数字博物馆，既利用软件开发 App，打造系列"故宫 IP"，并结合年轻人生活需求，匠心打造故宫文创；尽可能多地展示故宫文物等。

截至 2021 年 1 月，故宫博物院微博粉丝数 1 014 万，故宫常常是微博热搜的常客，网友们关注故宫的一举一动，故宫的雪、故宫的猫、故宫的上元灯会……故宫淘宝粉丝数 721 万，故宫文具、故宫饰品、故宫香氛、故宫娃娃，还有大受欢迎的故宫彩妆、故宫盲盒，说起故宫已经不仅仅是一座皇城，一个博物馆，而是一支口红，一本新年日历，与当下年轻人的生活息息相关。

创新背后的关键词：理念创新、紧跟时代、问题意识

理念创新：单霁翔院长曾在多个场合举例故宫原有的游客设施，不是以"观众""游客"为中心，而是以"方便管理"为中心，单院长上任后在管理上的组合拳，基本都是考虑观众观感，从买票、休息、游览路径、同时间的参观人数（人流量）、厕所革命等，都是以提升游客体验为目标而制定的，商品供给始终要围绕着商品需求，而博物馆的商品需求就是游客对于游览体验不断提升的美好追求。近几年的故宫，正是牢牢抓住了这个关键点，突破观念，改革创新，让人有尊严地游览故宫，也让故宫自身在老百姓中赢得了更多的尊重。

紧跟时代：这个关键词跟与时俱进的一切相关，跟当下的年轻人相关，80 后、90 后、00 后，甚至 05 后，年轻人喜欢什么，故宫 IP 清单里往往就会有什么；跟最新的技术相关，人工智能、互联网技术、云技术、VR

技术等,看到了一个视角多样的"数字故宫";文化即生活,故宫注重与当下老百姓的日常生活紧密融合。

问题意识:哪里有问题,就解决哪里的问题,在问题处创新是故宫解决问题的一种方式,比如景区厕所排队问题历来是各大热门景点的共性问题,故宫也是一样,故宫团队经过统计、测算,最后判断故宫里女士的洗手间应该是男士洗手间的 2.6 倍,由此来设置厕所的数量,大大缓解厕所排队尴尬、紧张的问题,找到问题,科学分析,得出结论后尽快改造,正是这样一种思路,一次次优化着故宫的游客体验,给人带来了美和温暖。

7.2　短视频中的创新者——李子柒

2021 年 1 月 25 日,吉尼斯官方微博宣布,90 后短视频博主来自四川的李子柒以 1 410 万的 YouTube 订阅量刷新了由她自己创下的"最多订阅量的 YouTube 中文频道"的吉尼斯世界纪录,这意味着她是目前最受关注的 YouTube 中文视频博主。李子柒从 2015 年开始在网络上发布短视频,2016 年末凭借《兰州牛肉面》备受关注,2017 年起,李子柒在 YouTube 上发布自己创作的短视频作品,内容大多跟她的田园生活有关,视频中的所有食物都出自她自己的菜园和果园,从中国农家的衣食住行中取材拍摄视频,作品散发着浓浓的烟火味道和原生态气息,她在 YouTube 发布第一支视频是"用葡萄皮染色裙子",边吃葡萄边按自己的想法在图纸上设计出一条裙子,先用素色布料把裙子做好,再把吃下来的葡萄皮用热水煮出葡萄水,再用葡萄水染色裙子,最后穿上自己精心制作的这条裙子,网友们在评论区赞叹不已。

李子柒在国内外主流视频网站发布自己制作的短视频制作,已经有意无意地增强了中国文化的影响力,起到了文化传播的作用,可看作是文化产业的一次创新。北京大学中文系教授张颐武说,李子柒视频让外界看到了中国年轻人生活方式中别有意趣的一面,对于增进世界对中国的理解、破除刻板印象有积极意义,而这种大众文化传播方式更有着独特优势。2019 年 8 月,李子柒成为成都非遗推广大使,2020 年 5 月 19 日,受聘担任首批中国农民丰收节推广大使,同年 8 月,当选为第十三届全国青联委员,从政府授予的各类奖项可见对李子柒继续传播弘扬中国文化的极大期望。

李子柒的脱颖而出至少有两个方面的原因,一是对文化较为深刻的理解,就如梁漱溟先生所说,文化即生活依靠之一切,其实李子柒的视频并没有夸张猎奇,而是朴素地展示了传统乡村中国的日常生活;二是充分利用了网络语言并站在了短视频市场的风口。在《兰州牛肉面》发布时,她在自己的微博中写道:"兰州拉面,面文化的活化石,讲究一清二白三红四绿五黄缺一不可,和面、揉面、溜条任何一个步骤不到位,这面就拉不成了!从明天起,面朝大……哦,不对,重新来,从明天起,尊重每一碗兰州拉面吧!"简简单单一段表述中,提到了面文化,制作方法、价值观,语言表达又符合一个90后年轻人的语境,用年轻人的语言述说着"古香古食",生活是永恒而有生命力的,所以哪怕是展示了一个简朴的田野间的片段,也蕴含着深厚的文化。

创新背后的关键词:第一性原理、技术风口

第一性原理:李子柒用短视频记录正是无快进地记录着真实古朴的乡村生活,其实际传递了一种田园生活下的乡村文化,从兰州牛肉面的面文化到笔墨纸砚的书写文化,在飞速城镇化的今天,人们对于渐行渐远的乡村生活和文字书写有着一种纯朴的渴望,而这种空缺在短视频中得到了满足和慰藉。无论李子柒作为视频创作者是有意还是无意地记录这稀缺而又真实的"慢生活",这对生活的记录就是文化,它已经让成千上万的网友们体味着这田园生活,这就是文化传播,最初的视频上传可能只是分享,文化的本源就是生活,高质量还原反映这种生活,其实就是在传承和传播文化,虽然李子柒在最初可能只是为了分享,上传了相应的短视频,但如果复盘李子柒受追捧的原因,创新是关键词,用第一性原理开展事物的本质追求。

技术风口:现代社会当中的每一次创新,几乎都伴随着技术创新,李子柒的成功背后无疑是移动互联网时代下,人人可以是产品经理的短视频时代,牢牢抓住了短视频的风口,就如李佳琦、薇娅牢牢抓住了直播带货的风口,每隔一个阶段几乎都会出现技术创新下的产品,如互联网早期的博客、后来的微博、微信,从最早的长视频到最近的短视频,优质的内容,加之对最新技术应用的敏锐性,往往能让风口上的"猪飞起来"。

7.3　对中国文化产业创新的思考

第一点是注重优质文化内容的产品创新,这种有关内容的产品创新更多的不是指要把原有的 A 变成 B,而是更好地还原 A,不少现有表达 A 的方式、呈现内容并没有很好地呈现 A,故宫还是那个故宫,乡村还是那个乡村,为什么经过不同呈现,效果截然不同。所以要更好地梳理、认真地学习传统文化,挖掘文化精髓,发扬传统文化,与时俱进,不断将传统文化与新时代新潮流相融合,创造属于自身的现代新文化,将中国文化分享给全球,就是对自我文化的重新认识,又是让世界认识中国文化。

第二点是注重数字技术在文化产业的应用,注重文化与技术要素的融合,文化的感知和传播形式丰富且层次多样,阅读书籍、浏览影像资料,实地参观景点、VR 云游、短视频看百姓生活,音频文化节目,大型的文化活动等领域产业链各环节,要利用好技术解决好内容展示和传播的问题,解决好要素流动的问题,人流、物流、信息流、资金流,过去二十年是互联网深度融合老百姓生活的二十年,文化产业要创新自然要打好信息技术这张牌,包括大数据、人工智能、互联网技术、物联网、5G 等,数字文化产业已是文化业创新的新趋势。

第三点是注重把握文化产业和社会发展的新趋势,除科技以外,《中国文化产业发展报告(2021)》指出,文化要素市场化配置,县域美学经济兴起,公共文化服务提质增效,文化遗产的价值转换,对外文化贸易的结构升级是文化产业未来的发展趋势,文化产业创新是改革畅通国内外循环的重要动能,文化创新始终要牢牢抓住与新时代的新趋势。

第8章　教育业企业创新——
互联网时代下的颠覆

2020 年初,新冠疫情爆发,腾讯前副总裁、计算机科学家、畅销书作家吴军博士与华盛顿大学伊兹奥尼教授有一次对于在线教育的探讨,伊兹奥尼认为美国讲人工智能的只需要 10 个老师,可以让这个老师把讲课视频上传到网站上,然后所有学生根据自己的需要看他们上课的视频学习即可,当然可以配上辅导老师,辅助完成视频,教育的未来已来。本人所在学院的学生都是经济类专业,由于贯穿经济金融的专业课学习中会涉及不少数学公式和逻辑推理,用以理解数量关系、严谨的逻辑,高等数学历来是学生大一、大二的必修课程。然而无论是新生还是后续转专业、考研的学生,说起数学,都是他们较为害怕或是自认为学得不好的一类课。常常思考,为什么这些学生会害怕学数学,如果有选择的权利,他们多数是希望避开数学,翻阅过不少专业课的试卷,学生在数学计算题上往往得分率不高。而数学确实对于后续经济金融高阶课程的作用很大,哪怕是不考研,要拿到一个经济学学位,数学还是绕不开的基础课,那么,数学究竟为何让学生如此害怕,究竟该如何学数学,是一个一直困扰笔者较长时间的疑问,直到看到可汗学院。

8.1　可汗学院——为掌握而学习,而不是分数

萨尔曼·可汗是孟加拉裔美国人,在麻省理工学院获得数学学士、计算机学士和计算机硕士学位后,在大多数工科毕业生对口的美国电子工业和计算机天堂硅谷工作了几年,之后在哈佛读 MBA,在这之后他进入一家对冲基金成了一名分析师。2004 年的夏天,可汗 12 岁的表妹

纳蒂亚和家人一起参加他的婚礼,她刚刚结束一次数学摸底考试,因为考试成绩不理想,她的自信和自尊都受到打击,并且她已经认为自己数学不好。可汗有机会与表妹交流,他认为表妹的逻辑思维能力很好,也有持之以恒的学习态度,是可以学好六年级数学的,不应该被过早下定论,埋没了潜力。他决心为她远程提供数学课辅导,由于当时可汗人在波士顿,表妹在新奥尔良,为了追求最有效传递并充分利用可借助的科技手段,可汗就用共享笔记本通过互联网和电话,帮表妹解决了一个个难题,并找到了考试的薄弱点,同样的方法他也辅导了他的表弟们,效果很好,后来由于可汗和他们不在同一个时区以及需要辅导多人,他就通过简单的录屏软件将讲解视频录制好,上传至 YouTube 供表弟表妹们学习。

图 8-1　可汗网站主页导引部分(学习者、教师、家长)

2009 年可汗辞去工作,全职从事相关课程的录制,并在内容方面从数学拓展到物理、化学、生物、金融等,后续还得到了微软、谷歌等公司的资助,可汗学院成为一个完全免费的学习网站,正如网站主页最醒目的那句话,"We're a nonprofit with the mission to provide a free, world-class education for anyone, anywhere"(让全球任何地域任何人都可以享受世界一流的免费教学)。早在 2012 年,可汗学院视频点击数已经上亿,每个月会向 600 万人提供教育,比世界上任何一所大学培养的学生数都要多,可谓人类追求教育公平中极其有意义的一种尝试。仔细阅读可汗对于学院创办的经历叙述,在这个过程中他的几处发现和分析十分重要:

首先,他发现表妹考试失利是因为没有理解单位换算,但他也发现表妹能理解比之更难的概念,他总结老师为了完成教学进度不得不按时完成各个教学内容,却忽视了对于知识点是否掌握的检验,但其实每一部分结束的时候,并不是所有学生都已经 100% 掌握,而没有掌握的部分,哪怕只有 5%,很可能会成为下一步学习的瓶颈,而当前学校线下的教育往往为了学习进度，按部就班进入下一环节时，不能保证学生对已经历教学阶段的知识点已经完全掌握，这让学习地图出现缺漏；其次，可汗发现每当老师向学生提问，他们总是想立马获得答案，而这往往会给学习者带来压力，因为不想让老师失望而有的压力①。于是，可汗告诉表妹她不用猜谜，如果她知道答案可以说出来，如果不懂可以要求再说一遍，他要让表妹感受到老师是希望帮助她，而不是给她压力，这一招非常管用，帮助表妹解决了问题，并且重新建立起了自信；再次，是可汗课程设计的核心思想——精熟教学法，即根据学生对学习内容的理解程度和成绩来划分每一个部分的时间，这一思想特别强调了个性化的差异，人与人之间理解快、慢、深、浅和时间的差异。

创新背后的关键词：技术、观察和反思、有效沟通、打破常规

技术：可汗学院可谓是技术在教学中充分应用的极佳典范，可汗学院的视频大多在 10 分钟左右，并且都是比较简易的手写板和简单的录屏软件录制剪辑而成，而他真人也不出境，从这个角度上，可汗并没有花费太多时间在录制设备上，他也不想学习者把注意力转移到老师的面部，而是把老师当成坐在厨房旁边帮助自己解题的平等的助人者，学生和老师的专注点都在教学内容，而不是完美的设备和着装上。另一方面，可汗根据精熟教学法的核心思想，利用自己的计算机背景和专业的团队依据"知识地图"设计软件，并有勋章等的奖励，并通过大数据分析学生的学习行为，形成反馈环，更好地优化教学内容和软件。如果可汗只是单纯录制视频，没有检验测试环节，学生无法获知和确定哪些是自己已经掌握的，哪些其实还需要加强联系，那教学效果将大打折扣，因而配套的软件设计十分重要，教学创新中，往往需要把自己的教学思想付诸实际的教学环节，而落地往往需要技术的应用。

观察和反思：可汗在分析表妹能答对难题，但做不出简单题时，细致观察了向表妹提问时表妹的反应，并深入分析了反应背后的原因。为什么回答问题会让学习者有压力？提问是为了帮助学习者确定是否已经掌握？为什么学习者感受不到别人的帮助而是压力，而这种压力会消磨掉学习者的自信？作为一个教学多年的教学工作者，分析学习者回答

① ［美］萨尔曼·可汗（Salman Khan）. 翻转课堂的可汗学院：互联时代的教育革命［M］. 杭州：浙江人民出版社，2014.

问题好坏背后的原因,常常会想是不是没有讲清楚某个铺垫的知识点,而忽视了自己本身的提问方式也可能成为学习者回答不出的原因,可汗对这一点的分析和反思,让他找到了表妹不自信的原因。寻找问题产生的原因时,不忘反思提出问题的方式方法和问题本身是不是可以优化。

有效沟通:可汗在分析出表妹不自信原因之一可能是提问者带来的压力时,他立马与表妹沟通,她只需要回答答案或是表明她还不懂,需要再讲一遍,并且表态如果她不懂,他也不会嘲笑她,使得表妹能够充分地与可汗沟通哪些是她可以回答的,哪些是她还需要通过再次讲解理解的。有效沟通在教学中十分重要,教学从来不是单向的讲授,只有学习者表明自己需要学什么,教者知道自己需要教什么,教与学真正统一,教学才是真正有效。

打破常规:在创新者眼里,所谓的流程、模式、传统等都可以被重塑,教学视频不一定要真人出镜,教学安排不应该是按照章节安排教学时长,而是按照学习者的接受程度。如美国加利福尼亚大学有个教授在当地中学尝试让学生根据自己的学习进度选修同一门课程,学习快的可以 1 个月就学完,学习慢的可以几个月学完,每个人学习一门课的学习时间是不同的(而不是坐在同一个课堂里,所有人都是相同的学习时间),学习完的同学可以自由安排自己的时间,腾出时间做一些课外活动,发展自己的兴趣爱好,让学习者根据自己的状况自由支配时间,取得了良好的教学效果和口碑。

8.2　得到——知识付费的一场实验

假如你想学一门课程,比如经济学,除了在学校选修经济学,或者买过来经济学相关的书籍,在这个互联网时代,你还可以上网去搜搜有没有公开的视频,如果去爱课程网和网易云课堂共同打造的中国大学MOOC 平台,当你在搜索栏输入"经济学"这个关键词,截至 2021 年 2月,仅国家精品课程目录中,你将得到 205 条结果,课程的主讲老师多数为国内各个大学的老师,搜索结果包括经济学原理、计量经济学、技术经济学等相关经济学课程,在课程目录里显示了开课时间、进度和参加人数,每门课程的人数从几十到上万不等。然而,在中国大学 MOOC

平台上的所有经济学课程的参加人数相加都不及一门音频经济学课程人数,这个音频App叫"得到",这门经济学课名为"薛兆丰的经济学课",截至2021年2月,已有53万人参加了课程学习,而这门课程是在2017年上线,短短三四年时间积累了如此庞大的听众,值得一提的是,这是一门付费课程,课程的定价在199元(有时候会遇到一些小额优惠减免),粗略一算,该课程创造的营收在1亿元以上,这就是用资金购买所需学习服务的一个非常典型案例,在音频场景上开辟出了一个巨大的市场。2020年9月,得到App母公司——北京思维造物信息科技股份有限公司提交了A股IPO招股说明书,2018年,思维造物向薛兆丰教授支付了1 320.63万元的采购费,向北京大学金融学教授唐涯支付了1 475.71万元的采购费,2019年,向吴军老师支付了1 170.82万元的采购费,而后两位也是基于自身学科背景在得到App开设了相应的课程。

53万名学生,1 000万元年收入,这是一个什么概念,从供给方来看,一个经济学博士毕业时的年龄大概是28岁左右,进入高校后平均讲课一般在4～12节不等,学校的师生比、科研与教学工作量转换等会影响老师的课时,假设一个老师一学期教授3～4个班,每班40～80人,一学期学生数最多300左右,一年600左右,30年大约18 000人,如果没有互联网,一个教师一生大概只能教授几万人,而正是借助移动互联网和与之匹配的技术,大大突破了时间、地点和人数。至于年收入,千万年收入更是一个人文社会科学老师凭讲课很难想象和达到的经济状况,优质的内容吸引大量的听众,通过互联网聚集人流和现金流,互联网让知识变现成了可能。

创新背后的关键词:找到盈利点、最新技术应用、重构内容要素(课堂内容)

找到盈利点:收听每节课10分钟左右的课程音频,与早就出现的收听广播节目形式相似,可应用于学习、跑步、健身、开车、乘车、做家务等生活场景,不需要眼睛的时刻关注,音频场景比之视频更加广泛和易得。那为什么二十年前,几十年前有收音机的时候不能够普及,却是在2010年以后,这与中国移动互联网技术的广泛应用关系密切。首先,一旦在得到App中购买相应课程,学院就可以随时随地重复收听全课程内容,有的课程与在高校本科学习的课程内容几乎是一致,这与原先一般的广播节目有着较大区别,广播只是获取知识和信息的渠道,原有的广播节目大多是通过无线电波收听,多数是公共广播电台提供服务,属于免费节目,而薛兆丰教授在他经济学课程开篇就讲到了录制音频、撰写讲义付出的大量时间和精力,如果只是基于免费,那么无法激励更多优秀的人来参与到课程制作,基于市场的付费服务,既为经营找到盈利点,又因为劳动报酬而激发劳动者不断优化产品,在这里每个老师主讲人负责优化相应的课程内容,越优质的课程内容,配备良好的宣传和运营,会让越多的读者看见、听见、想学、学了。

最新技术引用:产品创新常常伴随着技术革新,几十年前,广播已经可以让我们在既定时间收听想听的节目,但是,即使广播节目可以订阅并且收费,也没有今天的便利——每个手机就是课程的入口和收费站。2010 年以后,随着技术的成熟,新产品不再依赖于电脑 PC 端,而是更多开发手机端的应用,移动端 App 爆发式增长,客户群体逐渐向移动端转移,这使得人与人、人与产品和服务的联系更加紧密便利快捷。如果没有移动音频客户端,在线支付功能等的配套,很难实现随时随地,碎片化学习,从这个角度来看,移动音频 App 创新是顺应了时代科技的发展,并适时抓住了知识服务的巨大机遇。因而,关注全球最新前沿科技,是启发创新、发散思维的重要路径。

重构内容要素(课堂内容):得到 App 中的课形式上除了是音频,还是互联网课,线上课不是简单地把线下的课搬迁至线上,教学的媒介、手段、场景在发生变化,而且是非常大的改变,教学内容中的各要素就需要重新梳理逻辑,传统的课堂一般都是 45 ~ 60 分钟一节课,得到的音频节目与目前多数在线课程一样,把每节课安排设置为大约 10 分钟左右,甚至还有的节目叫《5 分钟商学院》,节目时长在 5 分钟左右,这些低于 15 分钟左右的音频节目,在尽可能保证注意力(一般是 10 ~ 15 分钟)的同时,其实是倒逼教师重新梳理和思考知识体系,将其整理为一个个知识点,而一个个知识点又构成了相对完成的一张知识地图,学生可以反复学习。当然也有一些遗憾,比如此类线上课堂与面对面线下小班课相比,缺少及时答疑、灵活互动、头脑风暴、测验反馈等,但是这已经是一场突破创新的勇敢尝试。

8.3　对疫情下互联网赋能教学改革的创新思考

2020 年春季开学前，由于中国国内爆发新冠肺炎疫情，教育部组织安排做好"停课不停学"准备，国内大规模开始在线教学。教育高质量发展离不开互联网的应用，自教育部重视在线教育的开发，已有几十个在线网络开放课程平台，疫情下的"停课不停学"不仅仅是线下教育的暂代方案，更是推动课堂革命、重构本科课堂的契机。以下是在疫情期间，思考的疫情之下互联网情境中关于如何开展教师、教材和教法（三教）改革创新的思考。

8.3.1　问题的提出

《教育信息化"十三五"规划》指出，信息技术支撑和引领教育创新发展的能力，加快推进职业教育现代化。值得注意的是，在互联网飞速发展的同时，互联网与教育的融合发展还远不及互联网在生产生活中产生的作用。2020 年新冠肺炎疫情下，教育部推行"停课不停学"政策，全国 3 亿师生探索在家上学。在探索初期，使用网络直播授课的模式因网络卡顿、偏远地区网络使用问题，部分老师把直播课变成了线下讲授课模式的线上化，使得在线教学模式受到较高关注度。截至 2020 年 2 月 20 日，国内新媒体新浪微博"停课不停学"话题的浏览量已超过 12 亿次，"互联网 +"下信息技术服务于教学，在线教学的目的，教师信息化教学水平，在线教学的教学评价等成为热门话题，2020 年 2 月开展"在线教学"的初始阶段学生评价较为一般，问题主要体现在教师、教材和教法（三教）。

首先，老师"受困"于应急开展的在线教学。不适应在线教育模式，是较多数老师的困境。对线上数字资源的不熟悉，对信息化软件的不熟练，对信息化教学缺少深度建构的能力，是老师无法开展有效在线教学的关键。其次，师生"受限"于没有传统教材。疫情关键时间节点在 2020 年的 1 月 20 日，此时所有学校均已处于寒假期间，多数的学生并没有领取新学期的教材，在 2020 年 2 月开课存在一定困难，没有传统纸质教材，急需提供电子教材的矛盾尤为突出，这是教务管理部门必须要解决的实际困难；再次，在线教学"受制"于传统教育模式，简单替代传统课堂。不少教师把在线教学简单认为将线下的课堂搬到线上，以开直播的方式开展在线教学，引起了较大的学生负面反响，分析原因在于缺少对教学方法的思考和重构。缺少线上平台与传统课堂的深刻比较反思，缺少对在线教学的适用性、有效性等特性的分析，使在线教学效果大大降低。

8.3.2 "互联网+"推动"教师、教材、教法"信息化存在问题的原因

（1）教师缺乏信息化教学能力和教学服务支持

一是对于教师自身而言，教师的信息素养在"互联网+教育"中起着重要作用。Elbarbary基于综合法和德尔菲法识别了高校教师选用移动学习教学所必需的核心能力——技能、知识和态度。对于教师而言，不仅是信息的选取困难，更多的是对于信息化教学能力的缺失，对于如何运用信息技术手段重新设计教学内容、教学实施过程并优化教学评价，仍然有较大提升空间。这与缺少必要学时的多元丰富的信息化教学培训有较大关系。原先的教学信息化，教师更多的是使用PPT等多媒体软件，而在"互联网+"时代下的信息化教学，需要充分使用在线教学资源的同时，还涉及课程视频开发、制作、维护，在线互动教学等，老师、教学管理者需要此类信息素养课程方面的培训。

二是教师开展在线教学，还需要更多的外部支持，技术和服务支持十分必要，它至少包括技术支持和教学团队支持。美国在线教育有一支高质量的专业团队，除了在线教育的领导层和开展在线教育的一线教师，中间还有一个是管理执行层，包括教学设计师、课程项目经理、教育技术专员、音视频专员、美工设计专员等。除了教师本身信息化教学能力，没有专业的在线教育团队影响在线教育的高质量发展。

（2）教学素材过于依赖传统的纸质形式，教学准备过于单一

无纸化是互联网推动下的必然趋势。第一，对传统单一纸质教材的依赖已成惯性。虽然各地高校、教师已陆续开发在线课程资源，但在线教材的开发和使用的比率远远低于开发课程的师资数，过分重视在线教育的形式，而忽视了在线教育学习资料和素材的建设，特别是数字资源的建设。第二，实验实训课程，过于依赖定点实验室，受制于物理空间的限制，需要在特定的教室开展实训课程，成为在线学习、网络远程授课

的障碍。

（3）教学形式以教为主，与互联网融合模式单一

尽管国家陆续出台了一系列政策并持续推动教育信息化、在线精品课程、互联网＋精品课程的建设，从疫情下中国慕课MOOC、爱课程平台用户激增可见，平时互联网教学在教学中已有应用，但是不够广泛深入。美国的在线教学比率也达到了一定水平，疫情冲击下，最直接的表现就是将线下模式照搬到线上，由老师讲，学生听，偶尔穿插联系作业，是典型"以教为主"。事实证明，以教为主的教学方式不适合培养学生的思考能力、批判性思维、创新精神、自主学习等新时代职业人的核心素养。

8.3.3 疫情下互联网赋能应用型本科职业教育的"三教改革"对策

明确应用型人才培养的规格和目标，是互联网融合应用型本科职业教育的前提。在线教育与传统课堂的教育目的应该是一致的，但是改变了教学手段和方法，互联网与信息技术在教学中的渗透和深度应用，让互联网技术实现真正的教学变革。应用型本科是以培养知识、能力和素质全面而协调发展，面向生产、建设、管理、服务一线的高级应用型人才为目标的高等教育。特征体现为：定"性"在行业，定"向"在应用，定"格"在复合，定"点"在实践。

人工智能、大数据、互联网的时代，形成了新的现代经济发展体系。不同行业需要不同的技术技能人才，应用型本科职业教育承担着重要角色。利用好大数据梳理不同行业人才需求，以应用在数字经济体系下的工作岗位为主要目的，以能开展互联网创新创业实践为活动计划目标，培养复合型的高端互联网职业教育人才。

（1）互联网＋倒逼教师提升信息素养和教学能力

①提高教师信息化素养。自2018年教育部提出《教育信息化2.0行动计划》，全国各大中小学校已陆续制定了在线教学的战略和方案，各大在线教育开放平台，各省各学校的在线精品教育平台相继推出，培育优质的精品在线课程。信息素养仍然是信息化教学的基础，要把提升教师信息化教学能力作为未来的重要任务。高校教师信息素养的培育策略涉及巩固积极的信息意识、扩展信息知识学习、强化信息技能应用、严守信息伦理道德底线、改进职后培训的丰富性和实效性。

②增加教师信息化教学能力提升培训和交流，提升教师在线教学课

程的教学设计能力。围绕着教学目标的实现，以学生为中心，设计丰富而有高质量的教学活动，提升学生的学习体验，完成育人目标。老师根据在线教与学理念，重构教学内容，包括撰写在线课程教学目标，设计与开发在线课程资源、学习评价，确定合理的在线课程视频资源时长，设计视频的交互，设计合适的在线评价方式等。

（2）互联网＋升级传统教材和教学空间

①进一步推进教材的数字化建设，让更多的学生可以使用线上浏览教材，也可加入动态的素材，如动画、视频、音频等，优化学生的阅读体验。实验室上课的课时，可以开展情境式教学，采用直播工作现场等模式，让学生感受工作环境，采用 VR、AR 等技术，开发模拟项目，让学生在线上平台中完成课程的学习和模拟训练。2030 数字教科书不仅是将现有的印刷教材数字化，它还配备了丰富多样的学习资料和学习支持功能，如术语词典、多媒体数据、现有学科内容的拓展资料以及在线社区的互动分享等。

②充分利用好丰富的互联网学习资源。除了教材以外，互联网可以连结国内外开放教学资源，实现世界教育资源利用的可能，使教材内容的深度和广度大大增加。同时，可通过互联网与企业加深合作，使学生积极参与到互联网的教学资源建设中，形式和应用场景更为丰富。

（3）互联网＋活用教学方法

"互联网＋"对业态的重构不仅需要职业教育人才培养目标和内容的变革，还需要职业教育在虚实融合的空间中探索新的教学模式。"互联网＋职业教育"新型教学模式既不能固守传统面授，也无法完全建立在虚拟空间，线上线下深度融合的混合教学将是职业教育教学的发展趋势。

①灵活运用教学方法开展在线教学。教育部指出"不能让所有老师都开直播课"，可见直播不是在线教学的唯一方式。职业教育更适合项目式、任务驱动式、小组案例式、模块化教学等，学生线上协作共同完成学习作业等模式。对于单纯输入式的讲课方法，可用录播的形式上传至相关学习平台，学生可以根据自己的时间，随时随地弹性学习，充分利用好线上模式的灵活性。对于学习中遇到的问题，学生的疑问，学生小组作业等，可充分利用线上的平台进行交流。

②学习脑科学和学习科学等其他新兴学科，大数据精细化教学过程。从脑科学和学习科学表明，学习环境的营造对于学习有较大的促进

作用。互联网技术可以让课堂从听觉、视觉、触觉等方面感受学习内容，营造不同的学习场景，提升不同学生的学习体验。如从听觉的角度，可通过音频、视频、VR 虚拟场景来满足不同学习者的学习需要。大数据可以提供学习行为数据，针对不同学生制定个性化的学习方案，提供不同的学习内容，分级分层培养，真正开发学生的学习需求，促进学习能力的提升。

③以学为主，培养学生的自主学习能力。例如互联网可先录制视频，发布在网络上，学生可以自主观看，思考老师的作业题，再参加课堂讨论，比简单的预习更为有效。这不仅可以将老师是从重复讲课中解脱出来，把重心转向教学设计、个性化教学等教学内容质量提升，也可以让学生懂得如何学习的方法，学会学习。

④通过互联网实现校企合作，产教融合。疫情之下，许多企业纷纷推出线上业务，对"互联网＋"已经放在企业的战略上来，需要大量的懂互联网思维的职业人。学校应开展互联网＋职业教育，让学生在互联网的环境中学习实践。

第 9 章　创新与企业家精神

创新背后,无论是在孟加拉国创办小额贷款模式的尤努斯,执着于新能源汽车和火箭的马斯克,从创办游戏到邮箱到严选的丁磊,文化创新的故宫博物院团队,以及为了教育公平努力的可汗,所有案例中提到的企业或组织背后是这样有一批强有力的助推者,而正是这些人的创新理念和行动,让创新"照进"现实,让改变世界成为可能。因此,如果要分析企业或组织为什么能够创新,这背后一定少不了一种精神——企业家精神。

9.1　企业、企业家、企业家精神

要谈企业家精神,得先弄清楚企业、企业家、企业家精神这几个相似的概念。

先从企业说起,什么是企业,经济学中常定义为"以盈利为目的,运用各种生产要素(土地、劳动力、资本、技术和企业家才能等),向市场提供商品或服务,实行自主经营、自负盈亏、独立核算的法人或其他社会经济组织"。举个例子,比如办个纺织厂,传统来讲,需要租个店面,雇工人,投入资金购买设备和技术,同样重要的还有这个厂得有人来创办、管理和持续经营,企业的创办和发展需要投入大量的人力资本。

那什么是企业家,企业家是不是企业人力资源的一部分,办了企业的人是不是就叫企业家。毫无疑问,企业家是一种人力资本,但是办了企业的人不一定叫做企业家,关于这一点,经济学大师约瑟夫·熊彼特和管理学大师彼得·德鲁克有着相同的看法。"entrepreneur(企业家)"一词是从法语中借来的,是在 1800 年法国经济学家萨伊提出的,而在此之前对于企业经营者的翻译多为"undertaker"或是"promoter", "entrepreneur"单词本义是指"敢于承担一切风险和责任和开创并领导这项事业的人"[①]，从定义看就带有冒险的意味。熊彼特在《经济发展理论》中阐述健康经济的常态就是有创新的企业家带动的动态失衡，破坏式创新，打破原有的平衡。德鲁克也在《创新与企业家精神》中强调没有创造新的满足和消费诉求，即使办了个新企业，也不叫企业家，因而特别强调创办企业的与众不同。

企业家精神是一种推陈出新的精神，一种冒险的精神，一种面对不确定下充满勇气、执行力的果敢，一种打破僵局，重构和颠覆现状的执着，往往是带有风险的。所以企业家精神不是只有在经济领域，不是只有企业家有，它可以在任何有创意的人的身上被发现。因此，企业家精神往往是创新产生过程的必然要素，比如你看闹市区有家奶茶店生意特别好，然后你想方设法在隔壁租了一家店铺，也开始卖奶茶，渐渐可能也能赚到钱，但是算得上是萨伊、熊彼特、德鲁克他们所说的企业家吗，显然不是，更谈不上有企业家精神。但如果当你发现闹市区这家奶茶店生意特别好，而你就在他的隔壁，你是卖服装的，你做了客户人群的调研和深度分析，得出大量购买客户都处在 20 ~ 40 周岁的年龄段，研究他们对于服装的消费需求，及时调整自己的服装品类达到符合年轻人，成为这条街上最好的年轻人逛街打卡地，这就是通过求变和创新在优化自己的企业经营，这虽然不一定比再开一个奶茶店赚钱，但是这显然更有创新。当然，如果你想兼顾创新与良好的收益，你就要不断调整破局，这需要更大的勇气和颠覆，也更是企业家精神的体现。

9.2　创新和企业家精神

2019 年中国 GDP 为 99.1 万亿元（14.343 万亿美元），占世界 GDP 的比重超过 16%，仅次于美国（21.428 万亿美元），超过排名第 3 位至第 6 位的日本（5.082 万亿美元）、德国（3.846 万亿美元）、印度（2.875 万亿美元）、英国（2.827 万亿美元）四个国家的总和，人均 GDP 达到了 10 276 美元，首次突破 1 万美元大关。2021 年 2 月，习近平总书记在北京人民大会堂庄严宣布中国脱贫攻坚战去得到了全面的胜利。"十四五"

---

① 　［美］彼得·德鲁克.创新与企业家精神［M］.北京：机械工业出版社，2019.

开始,中国发展将进入一个新征程,创新将是下一阶段高质量发展的重要引擎,供给侧改革下呼唤真正的企业家,全社会需要企业家精神。

2018 年 3 月,时任美国总统特朗普签署了总统备忘录,将依据所谓"301 调查"结果对自中国进口商品征收规模将高达 600 亿美元的关税,并限制中国企业对美投资并购,中美贸易战拉开序幕,美国对中国征税领域主要是新一代信息技术、航空航天设备、高端装备、工业机器人、新材料、生物医药、高性能医疗器械等。同年 4 月,美国商务部发布对中兴通信的出口禁令,直到 2025 年 3 月 13 日,美国公司将被禁止向中兴通信销售零部件、商品、软件和技术,这意味着中兴在失去美国市场的同时将不能从美国进口任何电子元器件,而这就是科技企业的命门所在,也就是企业发展的被"卡脖子"了。而后又以妨碍美国国家安全利益为由,将中国的华为、中芯国际、大疆等中国国内企业和部分高校和研究所列入所谓实体清单。

就在国人都在为美国对华为的不公正制裁而担忧时,华为总裁任正非宣布华为自己研发的麒麟芯片,以及自行开发的鸿蒙系统,已经提前预想到有可能遭受的不确定状况,消息一出,铺天盖地的文章来说他的远见和胆识,也正是所讲的企业家精神,任正非还在各大场合,一再强调物理、化学、数学等基础研究的重要性,并且认为中国将来要和美国竞赛,一定要通过教育,教育是最廉价的国防。华为最为看重的就是研发投入,而最为人津津乐道的就是华为在全世界招募了一批科学家,其中最传奇的一个例子之一,就是俄罗斯研究所一个数学家,十几年天天在公司玩电脑,也不太与人沟通,但是突然有一天把 2G 到 3G 的算法突破了,华为马上在上海进行实验,并证明了,从此开始领先全世界。

创新需要企业家精神,同样的,没有乔布斯就不会有苹果,没有马斯克就不会有特斯拉,没有贝索斯就不会有亚马逊,没有扎克伯格就不会有 Facebook,当然离开了任正非华为也难有今天的成就。这些企业家充满激情理想和敏锐眼光,身上都有着一种极其的强烈开拓精神、冒险精神、创新精神和与生俱来的使命感,能脱开习惯性思维和路径依赖,以新的方式开创新事业。

TikTok 是字节跳动旗下抖音 App 的海外版,多次成为海外国家 App Store 或 Google Play 总榜的首位,然而,2020 年 7 月,美国政府宣布禁用 TikTok,其在美国的业务受阻,在此之前,Netflix(奈飞)也在今年第二季度财报的股东公开信中首次提到 TikTok,将其视为需要认真对待的竞争对手。最核心的分布式机器学习平台下易操作的界面、个性化推荐都是深受海外用户欢迎的原因，它都表明了字节跳动是成功的创新公司，而这背后不得不提到 1983 年出生，互联网领域最受关注的青年领袖，字节跳动创始人——张一鸣。

张一鸣不仅是个成功的企业家，企业家精神在他身上也体现得淋漓尽致，他有一种颠覆和差异化思维，在 2012 年敏锐洞察到移动互联网时代下信息获取方式可能的巨大转变，想到了通过大数据算法智能和个性的自动化推荐新闻，从一个看似被国内巨头垄断的新闻端市场闯出一条路，成就了今日头条，从 29 岁创办今日头条，到拥有 2.5 亿激活用户，他仅用了 4 年。从 33 岁创办抖音，到成为国民级的应用，他只用了 2 年时间。如果说阿里巴巴、QQ、微博、谷歌、滴滴、优酷都有点国外同行的影子，字节跳动旗下的今日头条、抖音算得上是纯粹的原创，网上流传他的话："上大学的时候就想做出有价值的东西，比如能做出个芯片，芯片是一件很具体的事物，或者能够制药，有所突破。"张一鸣是 2005 年毕业于南开大学软件工程专业的，也就是在那个时候，他已经看到了未来中国创新的关键领域，集成电路和生物医药，并且有着极大的理想和抱负，希望能做出有价值的东西，为社会做出贡献，既看准了突破创新的方向，又体现了社会责任感。

小结

本篇通过每章节几个案例分析从金融业创新、制造业创新、电商行业创新、文化产业创新、教育创新以及企业家精神六个方面阐述了企业是如何创新的，总结出了观察和反思、打破路径依赖、第一性原理思考、技术应用、理念创新、问题意识、差异化竞争、企业家精神等多个关键词，意图从创新事物背后的关键点整理出企业创新的规律，探索背后的底层逻辑以及创新企业中创新人才的努力方向和必备素养，并在下一篇章探讨未来社会需要怎样的创新人才。

第三篇 企业创新启示——创新型人才特质

人类社会的下一个文明是什么？还会不会产生一个类似汽车、信息产业这样的产业？我说的"汽车"是泛指，包括飞机、轮船、火车、拖拉机、自行车；"信息产业"也不仅指电子工业、电信互联网、人工智能。未来技术世界的不可知，就如一片黑暗中，需要灯塔。应对不确定性的确定可以从孩子们的教育抓起，中国的未来与振兴要靠孩子，靠孩子唯有靠教育。

——任正非（华为技术有限公司总裁）

某年的某个夏夜，黄峥在步行时，仰头看到夜空里的漫天繁星，忽然想起文森特·凡高的一句话，"我不知道世间有什么是确定不变的，但我只知道，只要一看到星星，我就会开始做梦"。

——黄峥（拼多多创始人）

各位敢于不断从零开始的人，爱唱反调，讨厌合拍的人；各位不懂得随大流，不看规则的眼色能投入新世界，重塑自我的人；各位睁眼白日梦，闭眼天马行空满脑子理想和幻想的人；各位能在一片草地里分辨出万千种绿色的人；能为现实的死结寻求答案的人；你能飞得比自己想象的更高、更远，你就是我们寻找的人。

——2020 年苹果公司官网招聘广告文案

第10章　企业需要的创新人才——教育的终局思维

10.1　企业创新为创新人才培养提供方向

　　学校的社会职能之一是向社会输送人才,企业是高等教育"产品"的最大消费市场和需求方,因而高校人才培养需要增强市场导向原则,推进办学服务职能,创新人才的培养过程需要与劳动生产相结合。在大众创业、万众创新的时代,企业创新是作为市场中创新实践的最广泛领域,真实地反映了社会需求,也为创新人才的培养指明了具体方向。

　　成立于1961年的国际经济合作与发展组织(Organization for Economic Co-operation and Development),简称经合组织(OECD),从2000年开始每隔3年,都会通过国际学生评估项目(The Program for International Student Assessment, PISA)来测试和获知各国的教育发展水平,测试对象为OECD及其合作伙伴地区内的15周岁的学生。与一般的学科评测最大的区别,在于PISA更关心的是学生的知识和素养是否对未来社会做好了准备。

　　2000年、2003年、2008年的必测项目有阅读、数学和科学,自2012年起,问题解决能力、协作式问题解决能力,财经素养、全球胜任力作为选测科目,而原有的阅读、数学等素养内涵也因时代发展发生了变化。在79个经济体参与的2018年PISA测评中,合计这近80个国家的GDP总量已经占到全球GDP总量的90%以上。OECD曾经组织过一次对于参与PISA测评的参与国家/地区的调查,结果发现有超过70%的参与地区认为该测试对他们的教育评估、建议和后续改革产生了非常重要的指导意义,德国曾在2000年的第一次PISA测试之后大力发动了教育革命,起因源于 2000 年 PISA 测试中中等以下的排名,以及暴露出在阅读、科学、数学素养中的短板,成绩差距和教育公平问题等,在近几次的 PISA 测试中德国的素养指标均已在 OECD 均线以上,虽然 PISA 的测试结果不能完全代表一个国家或地区的教育水平,但是基于社会需求的评估测试仍然意义非凡,具有一定的参考价值。

早在 2010 年,经合组织(OECD)就曾指出在面对未知新挑战时,全球需要依靠创造性思维不断创新的紧迫性。2019 年发布的 PISA2021 最新框架指出,2021 年起,创造性思维将被纳入测试类目,该文字表达、视觉表达、社会知识创造和问题解决、科学知识创造和问题解决 4 个内容维度考查学生在产生多样化的想法、产生创造性的想法、评估和改进想法 3 个能力维度上的表现。这种测评不是指向特定的人群,而是认为可以广泛作为教育目的和教育评价的重要内容,在广泛的场景中都需要具备产生创造性的想法,用以面对、处理和解决问题。在 OECD 教育 2030 学习框架中创新思维被认为是改变世界和创造未来的一大素养。

我国经济已经由飞速发展迈向高质量发展,社会需求正在经历深刻变革,培养的人才如何适应变革中的社会发展,这也是教育需要有的终局思维,培养什么人,为谁培养人,怎样的教育内容和道理可以帮助大多数学生走向社会。中央电视台《开讲啦》节目有一期嘉宾请了原杭州学军中学的校长陈立群,陈老师退休后拒绝高薪,选择前往贵州国家级贫困县中学任教,经过一番教育改革,带领贵州台江县民族中学取得了从只有个位数学生能上重点大学录取分数线到能有上百人考入重点大学,几百人考入二本院校的卓越教育改革成效,2019 年,陈老师被中宣部授予 "时代楷模" 称号。当有四川凉山支教的老师向他提问 "如何提高农村小孩的学习力和未来的竞争力",陈老师回答,提高成绩需要根据学生特点采用适合的方法因材施教(如小学可以采用游戏化教学),但无论学生成绩如何,终究要走向社会,要教会他们做人做事的道理。陈老师曾在他的著作《我的教育主张》[①] 提及国内学生的一项研究结果,80% 的高中生对自己的特长不了解,且对未来发展十分迷茫,对社会人才的标准和要求知之甚少,40% 左右的大学生对自己所学的专业不满意,超过半数想要选择别的专业,大学生毕业后找不到工作,而需要人才的企业招不到合适的人才,是人才知识技能与市场需求错位的体现。

---

① 　陈立群 . 我的教育主张 [M].上海：华东师范大学出版社,2015.

根据教育部的最新统计,2021 年全国高校毕业生人数将达到 909 万人,比 2020 年又增长了 35 万人,全国高校毕业生人数连年攀升。在大学毕业之前,许多家庭从幼儿园开始到高中的奋斗目标是孩子能够考上好大学,就读名校或重点学校,当孩子从大学毕业走出校门后,孩子和家长又将目标和期盼转向能被好公司、好单位录用,或者有能力创立自己的事业,毕竟大多数受教育者最终都是要走上社会面临就业的。

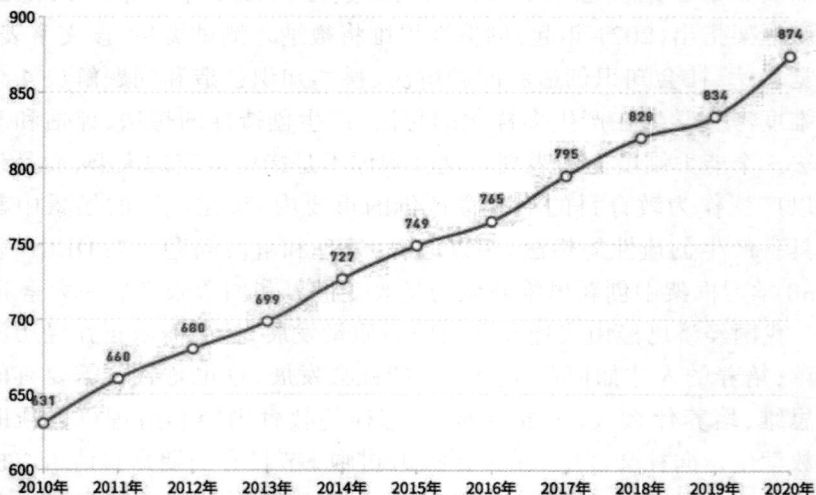

图 10-1　2010—2020 年全国高校毕业人数(单位:万人)

数据来源:国家统计局

10.2　企业创新是创新人才未来实践的主要挑战

《从 0 到 1》的作者彼得·蒂尔在书的开篇谈及他参加招聘时常问的一个问题"在什么重要问题上,你与其他人有不同想法",这一简短的提问既挑战了面试者已有的认知,更挑战他表达不同的勇气,他的结论是面试者的答案往往很雷同,而且只是基于当下的不同观点,显而易见且没有太多惊喜,他更愿意听到有关未来的表达,从问答中看到未来,虽然未来还未知,但肯定的是机遇与挑战并存,5 年、10 年、20 年、50 年、100 年后的世界,与当下世界必然不同,既然面对的环境会充满未知,那么能够质疑现有的认知,重新审视当下并能面向未来提出不同的观点和解决方案的人才则是企业更愿意选择和珍视的人力资源。

正如《黑天鹅》[①]《反脆弱》的作者纳西姆·尼古拉斯·塔勒布所言,假使人们审视自出生以来的周围发生的重大事件、技术变革和发明,有多少是在预料之中,而自己生活中经历的选择、机遇很多也是始料未及。因而塔勒布认为不知道的事情比已经知道的事情更有意义,因为许多事情是在不可预知的情况下发生的,比如疫情、意外事件等。而在企业创新实践中,实施的战略越少人能预料到,面临的竞争对手就越少,人们冒险的回报往往和预期成反相关。创新企业往往是在未知领域寻求社会问题或者科学研究的解决方案,比如美国商业杂志《Fast Company》2021 发布的全球最佳创新公司榜单中,排在前几位的公司基本与疫情有关,生物科技创新公司排行榜几乎都与疫情相关,排在首位的医药公司辉瑞是因为最早将有效的疫苗推向市场,Modena 是开发出长途可以运输的疫苗,BIOBOT ANALYTICS 是一家检测垃圾中的某种药物使用情况的初创企业,面对突如其来的疫情,公司迅速转变方向开始监测污水中是否存在病毒,以便于较早发现传播病毒但并未有表征的人,这些公司都反映出当事先未预知的状况发生时的迅速反应能力,认知和技术都支撑起了公司的创新及其速度。

---

① ［美］纳西姆·尼古拉斯·塔勒布．黑天鹅[M].北京：中信出版社，2019.

第11章 企业创新人才的特质——向实践要答案

11.1 企业创新实践中的人才特征是创新思维和创新精神

第二篇中,分析了关于金融业、制造业、电商业、文化业、教育业领域的多个企业创新实践案例,创新产生的原因有很多,有环境的氛围、技术的风口,互联网发展的机遇,但更重要的是人力资源作为企业重要的资源在创新中发挥出极为关键的作用。从图 11-1 所示的关键词内容来看,基本可将创新人才特质总结为两个方面,即创新思维和创新精神,这一分类结论与著名心理学家林崇德"创造性人才的核心素质包括创造性思维和创造性人格"[①] 的界定较为接近。本书认为创新思维即是对现实或未来事物的挑战中所产生的创新解决方案的路径,这一点基本依赖于知识、技能、素养或是一定的经验,比如在企业创新篇中总结的深刻洞察,问题意识、迁移思维、工科思维、差异化、社交网络、用户心理、理念创新、第一性原理、技术运用、有效沟通、找到盈利点等,想得到做得到必须是有一定的学识和对专业问题的敏锐嗅觉;而另一种特质则是创新精神,或者也可以说是企业家精神,比如勇气、执行力、冒险、好奇心、专注力、努力等,这些是重要的品质特征。

---

① 林崇德.创造性心理学 [M].北京:北京师范大学出版社,2019.

金融业创新	打破路径依赖，人性的深刻洞察
	问题意识，迁移思维
	勇气，执行力
制造业创新	冒险精神，好奇心，专注
	努力，阅读，工科思维，硅谷
电商业创新	差异化竞争
	基于情怀行业洞察和敏锐
	社交网络，用户心理
文化业创新	理念创新，紧跟时代，问题意识
	技术风口，第一性原理
教育业创新	技术，观察和反思，有效沟通，打破常规
	找到赢利点，技术应用，内容重构
	互联网
企业家精神	推陈出新，冒险，面对不确定的勇气，执行力

企业创新

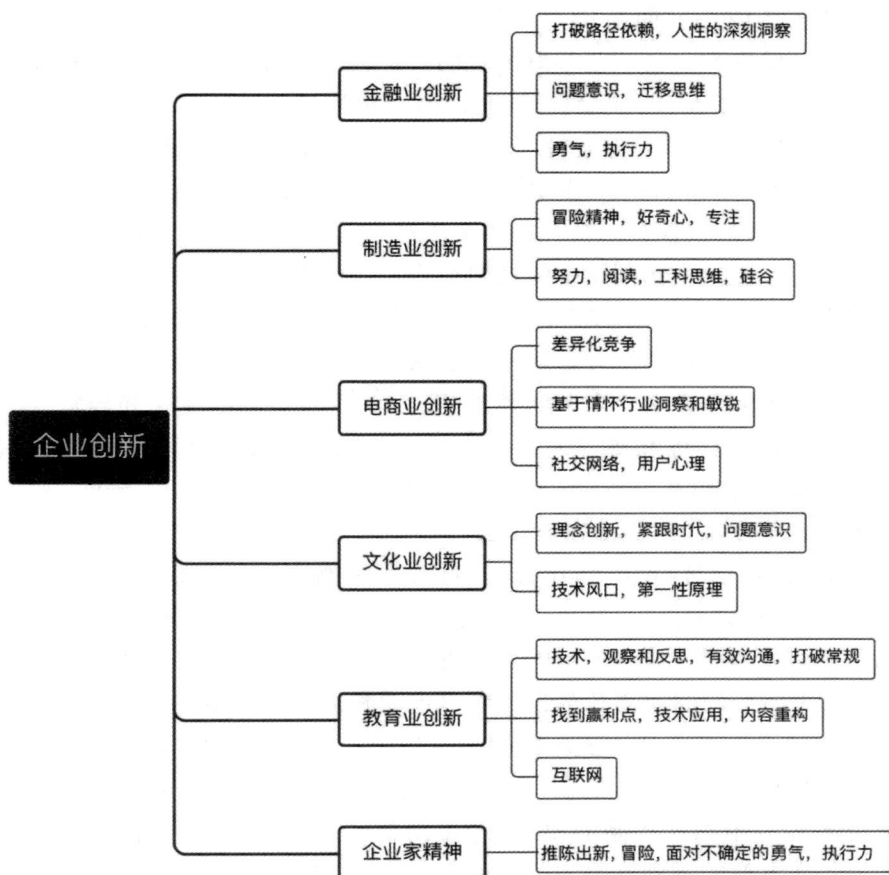

图 11-1　企业创新关键词思维导图

11.2　创新思维是创新者的基本功

11.2.1 敏锐的洞察思维

洞察能够发现内在的规律和意义，观察得十分透彻。比如华为的任正非在美国对华为采取限制之前就已经开始了自主研发的鸿蒙系统，尽管公众对美国政府突然对华为的禁令颇感意外，但是对华为已经自主开发操作系统并已经具备在手机、平板、电视等终端应用的前见之明和未雨绸缪更为吃惊。而与华为总裁任正非多年对行业洞察紧密相关,几百篇公开的内部讲稿就是最好的证明——从华为的总部深圳、到整个中国,再到东南亚、非洲、欧洲、美洲,以至于全世界范围的观察和分析,从研发、市场、服务到人力资源、战略,从物理学、化学、数学到心理学、哲学,从交换机、通信设备、移动终端到人工智能、物联网,从 2G 到 5G 历经的整个过程,仅仅只是公开的讲稿所涉猎的深度和广度就让人赞叹不已。任正非提出用物理学中的耗散结构来经营管理公司,用都江堰建造时的思想制定企业战略方针,正是这种跨领域、跨学科的思维方式帮助华为提升洞见行业本质和处理不确定状况的能力。

多数企业创新者都是积极观察者,观察现有事物的变化和异常,寻找可以改进的任务和更好的解决方式。美国著名设计公司 IDEO 的总经理汤姆·凯利(Tom Kelly)在他的著作《创新的艺术》①中指出,创新始于对日常生活的观察,在看上去自然的东西上挖掘,慢慢会有改变常规的能力,他以牙膏管、血压计、文件夹等举例在如何观察其以为常的生活,通过观察蛛丝马迹,与孩子交流,开展人性因素的观察等方式,发现各类商品和服务改进的可能和各种意想不到的见解。

几乎所有的商业创新都包含着对生活和世界的观察,如短短 6 年时间累积用户人数超过 8 亿人次的国内社交电商平台"拼多多",在 2020 年活跃用户人数首次超过了"淘宝",成为国内最大电商平台。试想,如果拼多多沿用淘宝相同的模式,毫无创新创意,想必也无法在淘宝、京东等各大电商的激烈竞争中脱颖而出,实现逆袭。拼多多创始人黄峥在多次访谈中被问及如何产生创立拼多多的创意和想法,他的回答耐人寻味,即是展示创新者观察特质最好的示例之一,他的答案是这样的,在家休息的时候,观察和思考到这么几个方面,第一个观察是看到智能手机出现以后对人们日常行为带来的巨大影响,特别是移动支付和畅通的物流体系逐步完善和进一步应用;第二个观察是团队原本做的游戏软件用户主要是面向多数男性和少数女性,而对于女性真正主流的游戏就是购物,并且大部分时候购物注重的是体验和感受,拼多多即是基于创始人团队已有游戏平台建设经验的社交电商模式("拼"),加之将游戏化的快乐元素和购物体验("多乐趣、多实惠")找到一个较好的交叉融

---

① [美]汤姆·凯利,[美]乔纳森·利特曼. 创新的艺术[M]. 北京:中信出版社,2013.

合点;第三个观察是社交平台使用时间越来越多的同时带来流量背后的巨大商机。这种创新是基于对移动互联网如何影响和改变老百姓日常生活的深刻洞察,基于对女性购物行为和需求的观察和思考,当然也是一个将游戏从以男性为主的应用场景迁移到以女性为主的购物场景的一种创新方式。

11.2.2 较强的问题思维

创新的本质是发现和解决问题,问题是激发创造性思考的重要导火索,有时候找到问题即是找到了通向更好解决方案的钥匙。国内著名经纪人杨天真在每一次面试公司新人的最后,都会向对方提问"你有什么想问我的吗",如果对方回答说"没有",她基本不会录用这个人。提出问题的背后是积极的观察,带着推陈致新的心态与对方不同的视角思考问题,刨根问底且常常是富有意义的提问。比如加拿大有家医疗公司专门研究采用非常规的方式使用常规药物,创始人威廉·亨特(William Hunter)首创了药物涂层手术支架来避免和预防血栓发生,区别于普通的支架生产商"如何才能做出更好的产品",他的提问更指向造成原有问题的根本,"为什么手术会失败,是有何不良反应",并且好的问题将帮助它们靠近更优方案,不断地追问和尝试帮助解决产品的痛点,造就了产品不断创新和迭代。

之前所提到华为未雨绸缪自研芯片、自创系统的案例,源于华为团队对于未来手机及通信领域发展变革下公司极有可能遇到的问题和假设所做出的充分准备。华为在至暗时刻下的海思公开信中可见,华为在多年前就开始做出了美国新进芯片和技术不可获得的假设,华为如何为客户持续服务并能继续良好发展,没有芯片和无法生产这是在极限环境假设下华为面临的最大问题,因此必须要有自己的芯片和技术,才诞生了海思麒麟处理器。而鸿蒙系统则是假设华为原合作的谷歌系统不能正常使用,即使有了自己的芯片但没有自己的操作系统,手机或相应终端设备无法运行下的难题解决方案。

对现状质疑、对常识质疑、对产生原因质疑……主动积极的提问和打破边界是创新者的一种常态。正如 PISA2021 将要加入的创造性思维评价,其中解决社会问题和科学问题将是考核的重要标准,但是解决问题的前提是先要发现问题。阿里开创初衷是"为了让天下没有难做的生意",网易最初创立考拉海购是为了解决跨境消费需求;网易严选则是通过 ODM(原始制造商)的方式提供高性价比的商品,同样发现和解决性价比问题的公司还有无印良品、优衣库、名创优品等;而在疫情下网络直播模式异常火爆来应对疫情对购物场所和环境人流限制或减少所产生的影响,这里最具有代表性的例子,就是携程董事会主席梁建章旅游直播带货的数据,37 场直播,梁建章被网友围观了 1.7 亿次,带货成果达 2.4 亿元,当然梁建章博士最为关注的问题还是中国的人口问题,为此他还专门写了一部科幻小说来提醒大家聚焦解决人口问题。在教育创新中,麻省理工的可汗面对解决如何让辅导的亲戚孩子们多人不同步在网上能够反复观看相应视频的问题,可汗最初是简单通过上传视频到 YouTube 的方式,而后为系统解决个性化学习问题,建立了面向全球免费的学习网站,录制上传视频,根据不同需求加入测试,鼓励及针对学生、老师、家长开设不同的网页通道等,问题往往是创新的指引。

11.2.3 紧跟时代的协同思维

企业创新是为当下和未来社会发展服务的,只有考虑到时代的基本特征,在能够在这个基础上思考国家、行业、企业和个人如何创新以顺应时代的变革发展。根据国家统计局数据,2020 年中国的 GDP 总量首次超过 100 万亿元,占世界 GDP 比重约为 17%,万亿城市突破 23 个,排名前十的城市分别是上海、北京、深圳、广州、重庆、苏州、成都、杭州、武汉、南京,其中前六个城市已经突破 2 万亿元,而全国人均 GDP 也已在 1 万美元以上。对比 2000 年,彼时中国的 GDP 总量为 9.9 万亿元,占世界 GDP 比重的 3.6%,排名第 6,经过快速增长的二十年,中国的 GDP 总量已升至世界第 2 位。可见过去两个十年,中国经济实现自身增长的同时对世界经济的影响力也在大幅提升。根据国家外汇管理局数据,中国的外汇储备在 1950 年、1990 年、2000 年、2020 年分别是 1.57 亿美元、110.93 亿美元、1 655.74 亿美元以及 31 154.97 亿美元,从惊人的翻倍数字中可见 2020 年中国对外贸易的发展新格局与 2000 年的对外贸易现状和形势截然不同。

企业创新往往是识变下的应变,当主动求变的积极意愿超越了对于外界环境变化给自身压力的负面影响时,基于现实分析的谨慎而果敢才可能与时俱进。2020 年底中国也已实现基本脱贫,我国社会主要矛盾已经转化为人民日益增长的美好生活需要和不平衡不充分的发展之间的矛盾，老百姓的消费内容不再简单地围绕着满足基本的衣食住行，开始聚焦"高、新、优、特"精品，热衷于国内外高品质商品的火爆购买景象即是最好的例证，比如中国游客在日本排队疯狂购买马桶盖，文旅市场开始火爆，电影票房屡创新高……现象背后，是时代和社会正在经历的一场深刻变革——消费者钱包鼓了，精神需求更加丰富了，这是人均 GDP 超过 1 万美元的社会都曾面临过的社会转型问题，商业也面临着全新的赛道，市场也变得更为精细化。比如 2020 年较为火爆的直播带货，财经自媒体吴晓波频道在《2020 新中产白皮书》中指出，75% 的中产并没有直播购物的习惯，而这种购物模式的常用人群更多的是 85 后、90 后，并且多数分布在二线城市，也就是与时俱进不仅仅要像望远镜一样看到长远趋势，也意味着要像用显微镜一样看到精细化的分布和变化。

　　紧跟时代也意味着要摈弃对固有观点的执念，不仅仅"与时"更要"俱进"。要不断采取实际行动地贴近现实，深入实践现场、创业的第一现场去，需要更多地看向崭新的未来而不是辉煌或是残败的过去。在众多商业案例中，富士和柯达胶卷截然不同的战略选择堪称创新案例研究的经典。1998 年，柯达公司发明了数码相机技术，随着互联网和数字化技术的不断发展，数码相机逐渐普及并大概率替代传统相机的趋势已然就在眼前，作为领域老大老二的柯达和富士需要对可能面临的颠覆做出选择。令人意外的是两家公司的战略截然相反，为了保住自己在胶卷市场的已有的份额和利润，柯达在全球寻找到当时在相机领域市场世界市场份额仍在增长的中国，作为其业务发展的重心，而忽视了数字相机给人们生活带来的便捷性及其颠覆胶卷相机的必然趋势；另一方面，富士几乎放弃了胶卷业务，把光学领域的优势积累迁移到光学薄膜技术业务的产业链应用上来，如医疗器械、美容产品、打印技术等。自 1998 年到 2012 年，柯达公司市值从 310 亿美元降到 21 亿美元，在 2012 年底宣布破产，而彼时的竞争对手富士公司仍以 250 亿美元市值，名列世界 500 强，这是同一领域的两家大公司在面对时代变化选择是否"俱进"的不同结果，富士用看向未来的眼光、魄力和实际行动践行了与时代同行的创新改革和重建，并在光学薄膜领域获得了重生，创新者需要拥抱时代以免于被时代所淘汰。

11.2.4 迅速而充分的技术思维

创新者往往能迅速地拥抱技术,最新一轮的技术革命和创新在过去二十年得到了充分的场景应用,通过技术解决产业链产品创新的痛点、爽点,移动互联网、人工智能、大数据与云技术使得人们生活更加智能,城市更加智慧。十几年前,国内不少城市就已经开始运营公共自行车,那为什么摩拜单车、哈啰单车还是有了进入市场的机会,因为移动互联网支付解决了共享单车想用但是不方便这一"最后一公里"的问题,原先公共自行车多需要到指定地点办理租借卡片,并缴纳押金,不算简单的使用前准备让公共自行车一直处于不冷不热的状态,而摩拜单车等创新公司的创始人借助移动互联网技术所带来的支付的便捷性和共享自行车给短途出行带来的巨大便利释放了公共自行车潜在而巨大的需求,尽管由于自行车投放管理的问题给城市治理带来了不少负面影响,但是共享自行车的创意及其社会应用价值很大,其他共享经济还包括共享汽车、共享充电宝、共享房屋、共享医疗新业态新模式均得益于各自领域共享技术的应用,使得闲置资源充分利用的广泛需求被激发和满足,摩拜单车和哈啰单车均是在 2016 年创立,而移动支付广泛普及大约是在 2015 年左右,可以说是用最新技术应用解决了痛点和爽点的。

创新者往往会充分地应用现有技术并将之发挥到极致。2007 年,苹果公司用触屏技术和数码相机技术重新定义了手机,即手机可以分为智能手机和传统非智能手机,而这两个技术的开发者并不是苹果,而是诺基亚和柯达。一部轻巧的手机包含几百个零件,产业链分布在全球几十个国家,产业链生产线上的专利不全属于苹果公司,但是苹果公司用全球惊人的销量、核心技术和资本基本统治了整条产业链,并且能迅速发掘和获得相关专利技术,数据显示,核心供应商中,美国供应商只能排第二,最多的供应商来自中国台湾,之后是日本、中国大陆、韩国、中国香港,剩下的供应商基本分布在欧洲地区,包括德国、芬兰、奥地利、荷兰等国家。除了自主研发破坏性技术,如何结合自身产品使得延续性技术 [①] 得到充分利用,即对已经出现的技术在自身产品发挥最大价值也是技术创新和应用的重要场景之一。

----

① [美]克莱顿·克里斯坦森.创新者的窘境[M].北京:中信出版社,2016.

　　创新者应当视大数据技术应用为各类创新的必然选项，所有的创新公司都应视公司数据为重要的资源要素。数据的价值再怎么强调也不为过，通过数据可以发现问题，定量问题，并做好预测和解决方案。以算法为核心技术的新闻客户端今日头条 App 获得的成功让传媒界目瞪口呆，字节跳动的张一鸣如果用网易新闻、搜狐新闻同样的技术方法，几乎是很难与以上这些大公司同质化竞争的，另辟蹊径在获取不同的客户数据之后，通过算法建立人与信息的联系，通过感知、记录用户的行为动作，计算用户的使用规律，经过大数据分析分发和推荐给相应的用户群体，是今日头条在众多新闻类 App 中崛起的重要原因。技术不仅仅是互联网公司真正的竞争核心所在，在一个被 5G、人工智能、云技术、机器人和物联网包括的时代，任何创新之前，都应该设想这样的问题，"有什么技术可以促进当前事物的创新发展"，提升了效率和产能，或是带来更好的用户体验，而在一个数据化的世界里，数据思维则是创新者的基本素养。

11.2.5 探索的工科思维

　　工科是充分运用数学、物理学、化学等基础科学的原理，结合生产实践所积累的技术经验而发展起来的学科，工科思维的精髓所在是解决问题，与日常生活联系较为紧密、直面问题且十分具体，比如修桥架路、工程建设等。工科思维也常常用来系统地解决复杂问题，问题难度越大，参与者的成就感越强，通常工程思维与创造性活动相联系，应用工程思维及所掌握的或观察到的事物、技术及方法想象和重建人类的世界，更多强调的是探索、发现、改进和完善的过程，而不是对已知信息的记忆。多数工程实验提出理论和假设，进行实验，分析和再验证等，从根本上来看是对反馈和迭代的处理过程，不仅仅需要工科背景，也需要具备工程建设中的设计思维、数据思维和系统思维等。

　　细看全球创新公司的领袖，基本都有工科背景，如表 11-1 所示2018—2020 年美国知名创新评价杂志《Fast Company》评选的前 10 家创新公司创始人的学习背景或公司进入创新榜的理由，一方面，这些公司创始人们所学专业大多数分布在计算机、化学、物理学、食品工程等工科专业，也有几位与设计接触紧密，设计思维是在工程设计中创造性设计时必要的一种思维方式，也是工科思维的体现。特别值得一提的是华盛顿邮报,自 2013 年亚马逊收购了《华盛顿邮报》,贝索斯领导设计了邮报的网站和 App,并开发了能够应用于数据挖掘和分析的软件,将报纸重塑成全新媒体,这背后也是一种工程设计的思维。

表 11-1　2018—2020 年 Fast Company 全球创新公司 Top10 相关资料

2018 年	2019 年	2020 年
1. 苹果 乔布斯:工科	1. 美团点评 王兴:电子工程、计算机	1.Snap 斯皮格尔:设计
2.Netflix 里德·哈斯廷斯:计算机	2.Grab 陈炳耀:工商管理	2. 微软 比尔·盖茨:计算机
3.Square JackDorsey:软件程序员	3.NBA 线上直播	3. 特斯拉 马斯克:物理和经济
4. 腾讯 马化腾:计算机	4.The Walt Disney Company 走进线上	4.Big Hit 娱乐 方时赫:作曲家
5. 亚马逊 贝佐斯:计算机	5.Stitch Fix 数据拯救零售业	5.HackerOne Jobert Abma:计算机
6.Patagonia 伊冯·乔伊纳德:铁匠	6.Sweetgreen 强调供应链来源	6. 饮料品牌 White Claw 安东尼·冯·曼德尔 食品饮料
7.CVS Health:医药	7.Apeel Sciences 罗杰斯:食品系统	7.Shopify Tobias Lutkt:编程
8. 华盛顿邮报:数字化转型 贝佐斯:计算机	8.Square(Terminal) Jesse Dorogusker 计算机	8. 线上设计平台 Canva Melanie Perkins:设计
9.Spotify Daniel Ek: 编程 & 音乐	9.Oatly Rickard Öste: 食品科学	9.Roblox Baszucki&Erik Cassel: 工程师
10.NBA 多角度直播、NBA AR	10.Twitch Justin Kan:工科	10. 医疗无人机 Zipline Keller Rinaudo 文学 / 科学

　　说明:表中有一些是创始人专业背景,成立比较久的公司上创新榜主要标注是上榜的理由。

11.2.6 跨领域的迁移思维

迁移,顾名思义是从一个地方转移到另一个地方,必然会涉及知识、技术、能力或可转移的一切要素在不同时间、不同空间、不同国家、不同产业或个人的跨界、跨领域转移应用。不同时间,比如 2000 年前的方法在当下或未来的应用;比如发达国家的先进技术或创意在中国的应用,也不如中国应对新冠疫情的经验、疫苗在国外的推广;比如行为学、心理学的思维方法在经济学的应用,便形成了不同于传统经济学视角的行为经济学;比如同行业间苹果公司将诺基亚的触屏技术应用到苹果手机中;再比如阅读是学习和迁移他人经验的较快路径,美国前第一夫人米歇尔·奥巴马的自传《成为》在全球销量超过千万,反映了读者对米歇尔生活好奇的同时,想要学习如何发现、定义并塑造自己的诉求。当然,这里隐含一个前提条件,就是假如把某种知识(观点)、方法或技术从 A 领域迁移到 B 领域,必须对熟知该种技术,熟知 A 领域该种技术应用的优劣势、能够将该种技术联系到 B 领域,并且能够对 B 领域是否能运用该技术有一个基本的了解和判断,也就是跨学科视野。

知识和能力的迁移是一种重要的创新思维方法和能力,在富有创造性的公司和个人身上极为多见,最典型的就是特斯拉的创始人马斯克,他也被称为跨界达人,拥有多家公司,同时是 SpaceX、特斯拉和太阳城三家公司的 CEO。他擅长于将人工智能、技术、物理和工程领域学到的基本原理迁移到应用领域,物理学背景出身的马斯克,常常将"第一性原理"挂在嘴边,看透事物的本质,要把事物分解成最基本的组成,从源头开始解决问题的思维方式,帮助马斯克建立起强大的思维框架。拼多多的创始人黄峥在思考创业模式时,想的就是如何让公司原有的游戏优势可以与女性市场相结合,女性最大的游戏是什么,是购物的体验,于是社交电商就是一种考虑女性需求的游戏,成功将游戏技术优势和理念应用到面向女性市场的购物平台,打造了一种创新型的网购模式。

迁移能力往往可以带来两个方面的创新,分别是相似性的模仿创新和结构性的系统创新。模仿创新,即学习成功做法并将之应用于目标领域的方法,腾讯创始人马化腾曾说过,"技术上的成功并不等于商业上的成功。我们不应该重复发明,而是要在其基础上开发性能更好或者价格更低的东西。"2000 年前后,中国有一批善于迁移学习的互联网公司,

QQ、优酷、新浪微博等的产品模式与国外同类产品在最初有较大相似性,但他们通过面向中国市场的产品开发和改良,至今仍是十分活跃的网站和应用软件;另一种创新是迁移后的跨界融合,使原有领域结构化得到拓展和深化,比如数字化技术迁移到旅游行业打造智慧旅游产品和服务,在线互联网技术迁移到教育行业,构建在线教育平台和课程,与模仿创新不同,这种迁移更多带来的是内部资源要素的重构,往往会有全新的产品和模式。

11.2.7 底层的用户思维

用户思维在 20 世纪 90 年代提出,即要围绕用户的需求为中心,重点不仅仅是吸引用户的目光和注意力,更重要的是满足用户的实际需求,改善用户的使用体验。克莱顿·克里斯坦森在《创新者的任务》[①] 一书中提出了"用户目标达成理论",他认为创新具有较高的可预测性,通过整理已有资料、市场调研等方式获取更多的用户需求信息,而不是靠运气,反映出他较认同面向用户的创新有较大可能成功或是显现价值和作用。用户思维往往是一家公司产品经理的底层思维,以围绕着老百姓的衣食住行举例,电商解决了现阶段对"衣"的需求,外卖领域的美团、饿了么等在"食"的领域打通了"最后一公里",Airbnb 满足了短期租用房屋的需求,Uber、滴滴、共享单车让"出行"更为便利。游戏起家的网易公司凭借严选品质的产品和服务在不同的细分市场和领域不断产品创新,网易新闻客户端和网易手机游戏满足移动互联网时代的用户需求、为用户探索安全和高质量的农业食品建了网易养猪场,为消费者扩大收听的广度和泛度的网易云音乐、网易考拉海购和网易严选是满足消费升级下老百姓对国外和国内商品的需求,作为中国领先的互联网技术公司,在网易数次开拓的业务线中也可以看出中国消费者的需求动向。

用户思维不仅仅局限于产品设计、研发和营销等各个商业领域,它也适用于政府治理、教育教学、社会公益等生活的多个维度,以及沟通、交流、合作、展示、调研等多个应用场景。政府治理方面,2017 年,人民日报刊登过一篇文章,题为"政府网站要有用户思维",举例四川茂县山体高位垮塌后,政府在第一时间用图文并茂、及时发布、滚动报道的形

---

① [美] 克莱顿·克里斯坦森.创新者的任务[M].北京:中信出版集团,2019.

式对社会的关切有求必应；2016 年，浙江提出"最多跑一次"的政务实践创新，在提升效能的同时，取得了群众了良好口碑。教育教学方面，全球各级各类学校都在探索"以学生为中心"的教育理念，学生是教育教学产品的用户，学生成长是教育的目的，不仅仅是知识增长，更需要精神成长，教育部近年正全面推进"立德树人"的课程思政。而在日常工作生活领域，也常常需要用户思维，《非暴力沟通》①一书在很多国家和组织里都产生了强烈反响，著名沟通四要素中排在前面的观察和体会其实就是了解沟通对象的沟通需求。因而，可以说，用户思维应用场景无处不在。

11.3　创新精神是创新者的导火索和催化剂

创新者除了要具备洞察思维、问题思维、时代协同思维、工科思维、技术思维、跨领域的迁移思维、用户思维等创新思维，可基本界定为智力因素以外，非智力因素，即是否具有创新精神或是企业家精神往往是创新能否产生并成为一种创新实践的关键。美国积极心理学家米哈尔·希斯赞森米哈里伊对几十位卓越的创新实践者和十几位诺贝尔奖得主深入访谈之后，发现创造力人才有 10 种复合型特质，分别是精力旺盛但懂得劳逸结合，聪明且保有天真，爱玩但有纪律原则，能够在想象、幻想和现实中自由转换，有时内向有时外向，谦逊而又骄傲，男性比同类男性更敏感，女性比同类女性更坚强，反叛而又独立，热情但客观，坦率但敏感。

在本书第二篇章的案例研究和分析中，创新者们展露出创新精神主要表现为超凡的勇气、敢于冒险的精神、强烈的好奇心、极强的执行力、非同寻常的专注力和竭尽全力的勤奋和努力。尽管这些特质并不是在同一个企业家或者创新实践者上体现，如果具备上述的创新思维加之任何一种创新精神叠加都能有超强的创新能力，如"问题思维 + 执行力"能帮助企业或组织尽快地处理和解决问题，"工科思维 + 冒险精神"往往能有新的设计、程序或建造作品出现，"迁移思维 + 好奇心"往往会有融合创新或者系统性创新，"用户思维 + 专注力"很有可能早就隐形冠

---

① ［美］马歇尔·卢森堡.非暴力沟通 [M].北京：华夏出版社，2009.

军,任何思维和勤奋和努力相结合当然成功的概率也会大一些,以上仅仅只是创新思维和创新精神"1+1"的叠加,如果是"1+N"或是"N+1",或是"N+N",即具备多种创新思维的能力和具有丰富的创新人格,比如49 岁的埃隆·马斯克,几乎具备以上列举的所有创新思维和创新精神,那么他同时创办多家极富影响力的创新企业也就不足为奇了。

11.3.1 勇气是创新开始的号角

勇气是敢于行动的勇敢和毫不畏惧的气魄,当创新者拥有了勇气,也就迈出了创新的第一步,创新不仅要向外探索,也要向内探寻,正如苹果创始人乔布斯所说,要有勇气去倾听内心和直觉的指引,勇气意味着能够拒绝默认选项。创新创业是需要勇气的,因为创新往往意味着与他人的与众不同甚至颠覆,无数次内心的彷徨,面临选择时的痛苦,有时也有家人朋友的不理解和指责。缺乏勇气往往使企业陷入了窘境,柯达发明数码相机技术却因为考虑短期市场占有率和利润,没有勇气自我革新,走上了破产的命运,诺基亚发明了触屏技术,也没有勇气在手机领域自我转型升级,也失去了原有的行业地位,两者都是具备创新思维,即专业实力和基础,恰恰是因为缺乏挑战自我,从零开始的勇气,错失了最佳的市场风口和时机,在原有领域被时代所淘汰。

勇气往往是对梦想或内心世界的回应,为创新行为带来一种强大的内驱力。2020 年,中国吉利汽车旗下沃尔沃的全球销量相比 2010 年翻了一番,中国地区的销量也是原来的 5 倍,是跨国并购中人和技术实现充分融合的重要体现,而这场跨国并购就是被称为汽车界"蛇吞象"的吉利并购沃尔沃事件。2007 年,李书福第一次去美国底特律谈判的时候,遭到福特高层的明确反对。在数年后的一次访谈中,李书福解释,早在收购的 8 年前,吉利基于对国内外形势和格局的判断做好了未来收购的部署,尽管遭到内部不少人的反对,但是内心对自由参与汽车工业的全过程,参与研发、自由、销售等自己造车的向往驱使他即使排在国内第 10 位,但仍然有敢于收购沃尔沃的勇气。李书福曾对一位中央领导说,"能不能给我一个失败的机会",这份勇气背后是执着,是坚定,也是中国汽车工业美好的信心。

11.3.2 冒险精神是让创新从 0 到 1

冒险精神与勇气有较大联系,有冒险精神的人也一定是有勇气的人,比之勇气,冒险精神似乎更多了一点风险,如果说勇气需要更多的是尝试,那冒险更意味着挑战和机会。冒险往往是从 0 到 1 的探索,由大到小,从国家、企业到个人都适用。向外探索海上世界的冒险精神,让英国真正成了海上霸主;打造火星人类基地的马斯克,仅凭 SpaceX 公司构建全球星链网,让地球上的任何一个地方都能接通互联网;1995 年的一个晚上,一个大学英语老师邀请了自己的几位朋友在家,向他们表示他要辞职创业,遭到了大家的反对,劝他不要涉及他们听也听不懂的互联网,但是马云最后还是毅然辞掉教师的铁饭碗,从中国黄页开始实现他“让天下没有难做的生意”的梦想,与一般人这在当时绝对是一种极其冒险的行为,但对于在创业前期的企业家而言,这无非是将按捺不住的热情和梦想付诸实践罢了。

冒险精神是让创新者找到自己的多个可能性,其本身也是一种创新,既然称之为冒险,少有前人的参考经验可以直接参考,或者如同不“冒险”吃一下榴莲不知榴莲的真正滋味,不吃一下螃蟹也无法知其美味。青年钢琴家郎朗在一次面对小学生的公开课中谈及,“我不希望自己固定在某一种风格里面,我们还是不要给一个固定的模式,一定要什么都试一下,试完我们才能知道到底有没有这种可能。如果你自己都不相信自己,都听别人说你就只能弹这个,那你什么都弹不了。”对未知世界的恐惧是人的本能,冒险精神算得上在尝试创新时对抗畏惧和胆怯的武器。与马斯克相似,英国维珍公司的创始人布兰森也是一位冒险家,他常常坐着热气球环游世界,挑战极限,他说每次的冒险尝试增加了我从事商业的乐趣,学会如何更好地变革商业。

11.3.3 好奇心是创新的第一动力

好奇心与问题意识紧密相关,一方面,企业创新者是为了自身的好奇心而探索更好的解决方案,另一方面,企业也需要满足用户的好奇心,这是推动创新发展的源动力。北京十一学校的历史名师魏勇老师有一次到美国交流访问,在访问当地的一所公立学校,听了各个领域 12 次课后,魏老师发现——如果完全按照知识目标达成度去评价,几乎所有课的老师在知识容量和落实上都很少,但是课堂参与和学习兴趣的调动是国内大多数课堂远不能企及的。很明显,课堂活跃的背后是对学习好奇心的充分唤醒,从长远看,有人引导带路的学校教育毕竟不可能贯穿人的一生,更多的是需要学生对学习、对生活永葆探索的好奇心,从而就有了持续学习的动力,不断追求自我超越的学习习惯。

有好奇心的创新者永不停歇。财经自媒体人吴晓波曾问网易创始人丁磊一个问题"你为什么不坚持在游戏领域里,不断做得更好,而会涉及电商、养猪等其他领域",丁磊的回答十分坦率,"你有这个兴趣爱好,你总不能把它按下去"。每个人或多或少都会有疑问和好奇,有的人想过就算了,而有创新精神的创新者会一直追问和探究下去,直到找到暂时满足的答案。如果算得上是商业好奇心,那么付诸实践的解决方案本质上就是一种创业行为。2020 年,盲盒市场大热,购买盲盒除了享受收集的乐趣外,开启盲盒一瞬间也是对自身好奇与期待的一种满足,这是一种有关好奇心的商业创新。

11.3.4 执行力是创新的落脚点

执行力强调执行合一,这里的执行力强调的更多的是制定目标后创新计划、构想或是项目落地的能力,执行力是说到就做,让创新免于空谈,这背后还包括面对阻挠的积极果敢、迅速的判断力,敏锐的反应和及时的纠错能力。马云在与众好友说了 Internet 计划的第二天就向学校提交了辞职申请;吉利汽车在沃尔沃出售时积极参与竞标,践行着几年前让中国汽车产业改变世界汽车工业格局的构想;相比于其他几种创新精神,执行力更多考量相对来说更容易些,它更多的是看行动是否达到了预期的目标,创新方向正确要狠抓执行,走错了方向则需要及时调整。总而言之,可以说执行力让创新企业和企业家有了"梦想照进现实"的可能。

11.3.5 专注力是创新的基石

无论是企业还是个人都要有定力,当所具备的时间、金钱、情感等资源投入都是有限度的时候,意味着需要合理的分配注意力以确保在核心竞争力上有最大程度的积累,这对创新活动的成败和效果影响较大。截止 2021 年 3 月,全球最大的汽车玻璃制造商福耀玻璃市值将近 900 亿元,它在中国国内市场占有率在 70% 左右,在全球占有率也超过 20%,"如同看书喜欢把一本书翻烂、吃透一样,我对玻璃情有独钟",创始人曹德旺如是说。不随波逐流,三十年只做一块玻璃,精益求精,有匠心是福耀的核心价值理念,2020 年末,福耀对外公告了一项专利——"一种加热车窗玻璃",该专利摘要显示"本加热车窗玻璃的优点在于能够稳定地接收信号,在加热的时候玻璃加热区域的温差较小,而且能够同步对雨刮器静止位置进行加热",而这个专利只是福耀在匠心之路上的惊鸿一瞥,如果说勇气和冒险让创新有了机会和可能,专注力则是帮助创新企业走向专精特新、隐形冠军的关键所在。因而,创新企业和企业家也都需要专注力。

11.3.6 勤奋和努力是创新的底色

长久的创新是需要持续经营和倾情投入的。苹果公司的 CEO 蒂姆·库克坚持每天 4 点起床的作息习惯一直广为流传,2021 年初,在一次与中国网友的对话中得到证实并解释是为了有健身时间以保持精力充沛。马斯克说特斯拉要想生存下去,长时间工作是必要的,在他看来一周 80 小时的工作时间是可持续的,在特斯拉增产的时候,他曾经每周工作 120 个小时,也就是大约每周平均每天工作近 17 小时。美团的王兴在创业初期,每周工作超过 100 个小时,字节跳动的张一鸣刚进入职场时基本上在每天都是半夜才回家,回家后还继续编程到很晚,并且还时常帮助其他部门的同事,在工作中投入了大量的热情和精力。在信息全球化而又重视知识产权的今天,独一无二的创意要落地,有时堪称与时间赛跑,创新企业只能一刻不停地高效工作,尽可能保持市场地位和占有率。比如,苹果公司每年秋季都会有包括 iPhone 在内的新品发布会,这背后是产品、技术、营销等团队几个月甚至几年几十年的持续努力。在全球带薪假期最多的八个国家中,前七位都是欧洲国家,在近几年全球创新公司排行榜前 10 位的第一梯队中,很难看到欧洲国家的身影,这与欧洲在高福利制度下过于注重假期和个人享受,民众工作的热情和斗志不强不无关系。当然,连轴转且毫无作息的工作并不是创新者的最佳选择,万科创始人王石曾在一次论坛里分享在以色列希伯来大学访问期间的感受,他总结重视"休闲"时间用以思考和寻找灵感是以色列善于创新的原因之一。因而,创新强调的勤奋和努力不是指无休止的工作,更不提倡牺牲个人健康、家庭成为工作"狂人",而是强调把握时机及倾情投入的认真态度。

特别要指出的是,低水平的勤奋很有可能收效甚微。经典的案例是1979年中美正式建交后,中美代表团进行了文化交流和访问,访问之后的两国代表团十分看好勤奋努力的中国小学生,认为他们在成人之后一定会超越美国的同龄人。如今这批小学生们都年近半百,也已成了各自国家的中坚力量,然而美国在科技领域仍然遥遥领先于中国,可见四十年前中国小学生的勤奋、努力、刻苦并不一定是评价创新人才和教育质量的必要标准,2018—2020年世界科学家们在《Cell》《Nature》和《Science》三家权威杂志发表的原创论文数量(见表11-2),美国科学家的成果遥遥领先于中国科学家。

表 11-2　2018—2020 年中、德、英、美四国在 CNS 杂志上发表的论文数量

国家 / 年份	2018 年	2019 年	2020 年(截至 10 月)
中国大陆	431	425	474
德国	557	588	499
英国	680	684	647
美国	2 588	2 577	2 191

数据来源:根据公开资料整理。

中美两国访问的记录中,有一个对比让人印象深刻,美国小学生整天谈论发明创造,学习内容十分重视音体美,课堂氛围较为宽松,而中国的小学生把上课坐姿固定,不敢轻易变化,视分数为最重要的评价标准,还有家庭作业。按我国教育部的入学条件,小学生是年满6周岁的儿童,一般学制为4～6年,不同省份和地域略有区别,也就是年龄范围大约在6～12周岁。根据心理学家林崇德在小学儿童心理特征方面的研究,整个小学阶段,学生具有十分活跃的想象力且极具创造性,同时还较容易陷入幻想,在人格特征发面,小学阶段是自我意识形成的关键时期。音乐、美术、舞蹈等艺术类课程刚好是这种想象力和创造力的落脚点,美国的小学课堂展现出适宜创造性表现的内容设计,而中国的课堂中学生自我表达和想象力均受到一定程度限制,相对严格的课堂管理,利于知识点学习的达成度和考试,但一定程度失去了创造性行为发

生和培育的机会。近年来,国家十分重视艺术教育,一再强调要开齐开足艺术课程,2019年,教育部调研数据显示,近87%的中小学生都已接受了艺术教育,超过半数以上的人参加过相关的文艺社团,课程内容越来越丰富,艺术教育的师资队伍逐渐壮大,相关的软硬件设施也不断提升,是中小学阶段培育创新思维和创新精神的有力举措。

第四篇　大学生创新能力培养
——面向未来的创新教育

20 under 20 Thiel Fellowship

20 under 20 Thiel Fellowship 项目创立于 2011 年,创始人是彼得·蒂尔(Peter Thiel),他是 Paypal 的创始人,畅销书《从 0 到 1》的作者,也是著名的硅谷天使投资人,他主导成立的这一项目奖学金每年将为经过选拔的 20 几个 20 岁以下的学生提供两年总计 10 万美元的资助,同时也将为他们提供需要的创业指导和其他一些资源。该项目在推出之后,因鼓励在校生休学创业,在美国深受争议。该奖学金申请官网上有句话"young people who want to build new things instead of sitting in a classroom",实在太有煽动性了,特别是后半句,不禁让人沉思我们坐在教室里是为了什么,蒂尔的表述中至少可以解读为坐在教室里无法"build new things",在他看来,传统的课堂,固定的场地,固定的时间(比如 45 分钟一节课),所有人都接受同样的课堂安排,缺少差异化,多样可能性,创新从何而来,如何应对未知世界的挑战。这个项目会产生争议的原因之一,在于被认为是在抛弃或者反对学校教育,不能用乔布斯、比尔·盖茨、扎克伯克辍学创业成功的少数例子去鼓励学生也辍学创业,而这些成功创业者辍学的真正原因更像是网站上的另一句话"Some ideas can't wait",已经有了想法,想做点什么,只是还是学生的身份,要全身心投入项目中,只能暂时先停止学业。

在此提及这个项目,更重要的是我们要反思——传统课堂的教学内容没有让学生能够"build new things"? 什么样的课堂能够让学生"build new things",如何重塑教学内容,什么样的教学能够培育创新力,老师怎么教,学生又怎么学。

第 12 章　大学生创新能力调查

12.1　调查背景

　　高质量发展是"十四五"乃至更长时间我国经济社会发展的主题,因而高质量发展也是我国高等教育贯彻新发展理念的主要目标,创新是高等教学改革发展的根本动力。纵观全球,人口不到 1 000 万的以色列,高科技产品在出口到海外的商品中占比超过 60%,事实表明,通过人才强国战略,以色列不仅仅是教育强国也是全球领域的科技强国,而能成为科技强国的根本原因还是在于教育强国。

　　2016 年 5 月,在全国科技创新大会上,习近平总书记就指明,中国要建设成为科技创新大国。在最新的中国 2021—2025 年"十四五"规划及 2035 远景目标中,教育强国将作为重要的战略目标,肩负着培养高质量人才服务现代化产业体系的重要任务,未来十五年及更长远的教育质量将深刻影响我国新发展趋势下我国现代化的水平和进程,更关系着我国科学技术的发展水平和创新能力。科技水平是一国国力和竞争力的重要体现,科技创新是实现建设创新型国家目标的根本途径。要成为世界科技强国,成为世界主要科学中心和创新高地,必须拥有一批世界一流的科研机构、研究型大学、创新型企业,能够持续涌现一批重大原创性科学成果。未来的教育需要站在全球的视角、站在建设未来人类命运共同体的高度,去思考、去定位人才培养的理念和目标,培养引领未来发展的创新人才是新发展格局下中国高等教育的重要使命和担当。

　　新时代背景下,应对日益激烈的国际竞争,新产业发展、新旧动能转换等变化需要有一支创新型的人才队伍。"互联网 +""人工智能(AI)+"时代,未来产业的变革对创新能力的需求与日俱增。新时代的发展需要

"新人才",新人才的"新"更多指的是"创新""创新能力"。无论在小学、中学、大学,学生的创新能力一直是国内外学生素质评价的关键能力,也是学校人才培养的主要难点和突破口,具有重要意义。

如果步入职场作为学校人才培养暂告一段落的节点,那么了解现在的大学生创新能力现状,一方面能够帮助在一定程度上预测他们对社会发展有可能带来的创新影响和贡献,另一方面也利于为进一步提升大学生的创新能力指明方向并制定相应的对策和方案。

12.2　基于 4P 视角的学生创新能力现状

从上一篇的创新人才特质分析已知,创新思维和创新精神是创新能力的重要体现,如何定量和测度创新能力是获知创新人才培养状态的前提。美国麻省理工学院米切尔·雷斯尼克教授认为,创新能力可以带来快乐、充实、目标感和意义,所有孩子与生俱来都有创造的潜能,但他们的创新力不是都能靠着自身成长,而是需要培养、鼓励和支持。他基于自身与乐高玩具公司(Lego)合作开发鼓励儿童创造的乐高机器人等产品近 30 年的实践经验,从 4P 的角度,4P 分别代表着 P(Passion,兴趣)、P(Play,游戏、试错、冒险)、P(Project,项目)、P(Peers,同伴),提出的创造力培养和学习的观察、考量和培养视角。2019 年秋季,笔者基于雷斯尼克教授的 4P 维度,根据文献梳理参考以及所在学校的学生访谈,设计每个维度 3 ~ 4 个问题,共 20 个问题形成一份创造力学习的问卷,最后对笔者所在应用型本科院校的 700 名学生进行了一次关于"创新力"的问卷调查,发出问卷 700 份,回收 684 份,有效问卷 682 份,根据调查结果,有以下发现。

12.2.1 有适当挑战、有目标感,贴近生活的学习内容会引发兴趣(Passion)

在"比起高中,形容向往中大学的学习状态最恰当的词"的回答中,52.94% 的学生选择"更具有挑战",34.12% 的学生选择"有动力和目标感";32.35% 的学生倾向于"贴近生活实际"的案例;"好奇在学习中的地位"的提问中,51.47% 的学生选择"首位",42.35% 的学生选择"重要,但不如老师说的重点重要";在回答"课堂学习中,被某个问题吸引而思考,这样的机会"的选择中,58.75%的学生选择"不多,偶尔有"。可见,目前的多数学习状态,学生认为学习内容还不能吸引人深入思考,而有点挑战性和目标感的内容,能抓住吸引学生的注意力;贴近生活的实际例子让学生感到有意义,往往能引起学生的兴趣和好奇心,进而引发思考,发散思维。

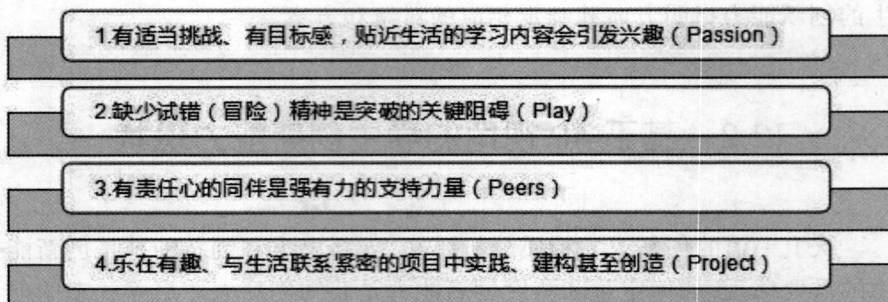

1.有适当挑战、有目标感,贴近生活的学习内容会引发兴趣(Passion)

2.缺少试错(冒险)精神是突破的关键阻碍(Play)

3.有责任心的同伴是强有力的支持力量(Peers)

4.乐在有趣、与生活联系紧密的项目中实践、建构甚至创造(Project)

图 12-1 4P 视角下的学生调查

12.2.2 缺少试错(冒险)精神是突破的关键阻碍(Play)

在"学习的过程中,你更喜欢"的几个选项中,"一遍就听懂或学懂"占43.6%,"越难越好,那才是学习"占5.29%;59.76%的学生选择"听过就算了,以后有机会再研究",45.72%的学生选择"自己会去查查资料,甚至问老师或同学",很多时候,学生希望学习过程不要太难,不愿意反复相同或太难的内容,当难度加大时,选择放弃多于挑战;有意思的是,在"当你发现别人都对了,你还是不懂的时候",64.94%的学生选择"一定要搞懂不懂的内容";在"当发现做错或理解错别人已经懂的内容,你的感觉更倾向于"的几个选项中,有34.12%的学生认为"感觉自己有点不好意思",可见,学习过程与同伴的比较和竞争会给人激励,学生以完成基本题作为目标,而不是挑战自我和新的可能,试错、冒险精神是目前学生的短板。

12.2.3 有责任心的同伴是强有力的支持力量(Peers)

在回答"学习的过程中,如果有同伴,你会觉得"的选择中,60.3%

的学生认为"很重要、可以互相帮助";70.74% 的学生喜欢小组大作业;45.97% 的学生认为"有难度的,一个人比较难完成"这种类型的内容"喜欢有同伴一起",但有 21.49% 的学生觉得"想有团队,但团队成员很多时候没有各尽其职";63.58% 的学生喜欢"有责任心"的同伴,远高于"有激情,有创意"和"有很好的组织能力,领导团队",可见合作伙伴的态度更被看重。

12.2.4 乐在有趣、与生活联系紧密的项目中实践、建构甚至创造（Project）

对于案例或项目式学习的看法,认为"能讨论完整的一个案例,比较系统"的占 60%;对于案例的内容,49.55% 的学生希望"能与生活联系紧密";对于案例或项目学习方式,大家最希望的 3 条分别是"有点实际操作,有个明确的主题""小组学习,各自分工,共同完成""课前先看看案例信息,课上讨论;学生认为案例或项目学习的关键是"案例要有趣",可见,案例或项目式方式是受学生喜爱的,但是案例是要有趣的,与生活联系紧密的,有深度能够系统讨论的内容。

12.2.5 努力和兴趣是学习中最被多数人看重的,创新意识不强

在"你认为学习最重要的关键词"的开放性回答中,努力（46 次）、兴趣（42 次）、毅力（25 次）、自律（18 次）、好奇（14 次）、勤奋（13 次）的排名比较靠前,创新（5 次）排在第 20 位。说明学生觉得学习态度和对学习的兴趣对于学习过程是最重要的,能够创新是比较靠后考虑的目标。选择创新的 5 位同学,同时都写了坚持、自控（自律）,说明他们认为创新跟坚持有很大关联,没有坚持,很难创新。

12.3　4P 视角下制约学生创新培育的原因

从该思维框架的 4 个 P 维度,即兴趣（Passion）、游戏（Play）、同伴（Peers）、项目式（Project）,进一步分析学生的兴趣为何得不到激发、学生的学习过程为何缺少游戏精神、合作学习为何难以推动,项目式教学

难点、创新动力缺少等原因。

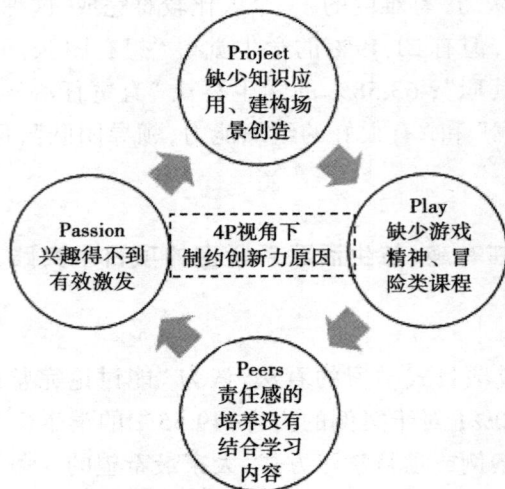

图 12-2 4P 视角下制约创新力原因图示

12.3.1 个性化教育缺位——兴趣得不到有效激发(Passion)

兴趣是个性的体现，有挑战、目标感、有意义的学习内容因人而异。这与美国斯坦福大学设计学院提出的《斯坦福 2025》中的未来学习目的观"以兴趣为中心，融入问题解决，追求有意义、有使命的学习"理念基本一致。传统的课堂，限于师生比，个性化教育实施难度等因素，所有学生接受相同的教学引导和教学内容，无法真正做到因材施教，重视每个学生的个性开发。创新与个性化教育联系紧密，首先，创新不是迷信、盲从，墨守成规，它常常需要突破常规，独立思考、判断、探究、发现，这种思维必然是一种个性化思维。所以，以学生为中心的个性化教育，是激发学生兴趣的关键，是挖掘和开发每个学生潜能的必然选择，也是创新和创造的前提条件。

12.3.2 游戏精神、冒险类课程在人才培养中不够被重视(Play)

在中国知网(CNKI)中，以"游戏精神"和"冒险精神"作为主题进行搜索，结果得到 320 篇核心期刊论文，其中涉及教育与游戏或冒险结合的主题，聚焦在体育课程和幼儿课程的开发上，其中与高等教育冒险精神培育有关的内容主要在体育课程的内涵建设探究。可见,体育课程在本科人才培养方案中的地位以及学生在体育课程中游戏精神、冒险精神如何得到培养,极其关键。

2016 年,教育部对全国 523 所高校开展了体育工作的专项调查,其中普通本科 280 所,高职高专院校 242 所,发现:只有 56.60% 的高校制定了学校体育中长期发展规划,63.48% 的高校建立了体育工作评价考核机制;只有 52.50% 的普通本科院校对大一、大二低年级本科生开设不少于 144 学时的体育必修课,52.26% 的高职高专院对大一、大二专科生开设不少于 108 学时。可见,高校体育课程的地位还有待于提高,在课时得到保证的同时还要注重提高体育课程的质量、充分发挥体育课程在人才培养中的隐性和显性作用。体育课程蕴含着游戏精神、冒险精神,课程的有效保证和学生创新精神和创造力培养息息相关。

12.3.3 责任感的培养没有与学习内容相融合——（Peers）

上述问卷调查分析表明,学生普遍喜欢小组合作学习的形式,而且把"责任感"作为评价同伴最重要的指标。虽然,"小组合作学习"这一教学方法在高校课堂已经较为普及,但"小组合作学习"在教学目标中被认为是培养合作精神、团队精神,培养小组成员责任感这一目标常常被忽略或不重视,或被认为难以评估和落实。忠于本专业的教学和科研是教师的使命,教师日常工作任务中普遍未清晰设定学生责任感的培养;大学生责任感教育中一个突出问题是学生学习与其日常生活教育（融合了价值观、道德观、责任感等要素）存在彼此隔离的倾向。

12.3.4 案例缺少知识应用、建构的场景创造——（Project）

尽管案例教学或是项目式的理念早已普遍被认同,但是其效果还需要进一步加强。以美国著名心理学家、教育学家布鲁姆提出的,被称之为经典的教学目标分类法的视角,创新是在对所学的内容达到知道、领会、应用、分析、评价等的基础之上的最高级别的领悟,创新来自融会贯通。有研究指出,与美国案例教学相比,国内案例教学,教师是专门从事教育工作的专职教师,极少甚至从未涉足商业管理,企业工作经历是短板,因而,案例教学也就成了现学现卖。如果课堂案例与生活联系不紧密,没有相应的实际应用场景,新学知识与实际应用场景的关联度没有被提醒和重视,容易让学生在学习中失去目标感与意义感,也就达不到案例教学原本的目的。

12.3.5 没有创新意识,缺乏主动学习的动力

创新意识是培养创新能力的基础和前提,创新意识缺乏原因较复杂,与大学生自身的心理和学校创新课程体系有待加强都有关联。依附心理和盲从意识在当代大学生身上表现得比较明显,不少学生只懂得一味地接受和学习,缺乏一定的质疑意识和批判精神,少有对所学知识结构的独立思考,不敢去创新,或懒于去创新,这不免与传统教育以老师为中心,满堂灌,长期题海战术丧失探索欲望有关;另一方面,许多学校还缺少完整有体系的创新教育课程的开发。有学者总结,大学生创新教育涉及创新意识培养,表达能力、团队协调能力,分析归纳和新问题提出,解决问题方案措施制定等多方面教育和指导。学生需要学校适度的引导、教师适当的指导,帮助激发创新思路,理解创新的意义,寻找创新的方法和路径。

12.4 说明和总结

上述调查结果和原因分析已表明,从 4P 维度去看,创新能力培养在兴趣(Passion)、游戏精神(Play)、同伴(Peers)、项目(Project)方面仍有较大的提升空间,个性化教育缺位、冒险类课程不够被重视,责任感的培养没有与学习内容相融合,教学案例缺少知识应用、建构的场景创造,学生没有创新意识是制约学生创新的主要原因。虽然,一所普通本科院校的调查数据不能反映和代表整个群体的状况和问题,但仅以近700 名学生的调查结果作为创新力培养探讨的切入点和分析依据尚算合情合理。

另外,根据 2020 年的统计数据,中国现有本科院校 1 285 所,一本院校占比在 13% 左右,"211"和"985"院校在全国本科院校数量不超过 10%,中国在建设一批世界一流水平的研究型院校的同时,也同等需要世界级一流水平的应用型本科院校。创新能力的培养模式主要在

于创新思维的建立、创新方法的训练及企业家精神的培养,几乎适用于各个层级学校和各种人才类型的培养,成为学生和社会中的成人在现代社会生存的必备能力,后面的章节,就进一步探究应该如何培养创新能力。

第 13 章　创新能力培养中教师面临的关键问题

13.1　教师面临的关键问题 1——创新能教吗

创新可以被教吗？北京师范大学的著名心理学家林崇德教授在《创造性心理学》一书指出，创造性人才的自由成长受到早期促进经验、研究指导和支持、关键发展阶段指引三种主要因素的影响，大学本科阶段处于创造性才华展露和发展领域的定向期，学校教育和自学的重要区别在于教师或者导师在学习过程中的引导，既然引导对于创造性学习能够起到一定作用，那么通过教学实现创新力培养还是可实现的。下面的图表和分析，从创办影响世界的企业家中得到了一些关于创新学习或指引和创新之间关联的启示，表 13-1 统计的是 2021 年福布斯排行中改变世界的 20 位企业家，从他们的学习经历和背景来作一些分析和推理。

表 13-1　福布斯 2021 年排行榜（截至 2021 年 1 月）

世界排名	名字	财富	财富来源	国家/地区	学习经历	专业
1	杰夫·贝佐斯	1 846 亿美元	亚马逊	美国	普林斯顿大学	计算机
2	埃隆·马斯克	1 772 亿美元	特斯拉	美国	宾夕法尼亚大学	经济学、物理学
3	伯纳德·阿诺特	1 528 亿美元	LVMH	法国	巴黎综合理工学院	工程学
4	比尔·盖茨	1 219 亿美元	微软	美国	哈佛大学（未毕业）	计算机

世界排名	名字	财富	财富来源	国家/地区	学习经历	专业
5	马克·扎克伯格	983 亿美元	Facebook	美国	哈佛大学（未毕业）	心理学与运算科学
6	钟睒睒	948 亿美元	农夫山泉	中国	中国广播电视大学	
7	拉里·埃里森	881 亿美元	甲骨文软件	美国	伊利诺伊州大学、芝加哥大学、西北大学	计算机编程（自学）
8	沃伦·巴菲特	881 亿美元	伯克希尔—哈撒韦公司	美国	哥伦比亚大学	经济学
9	拉里·佩奇	784 亿美元	谷歌	美国	密歇根大学、斯坦福大学	理工科、计算机科学
10	谢尔盖·布林	761 亿美元	谷歌	美国	马里兰大学、斯坦福大学	数学计算机科学
11	阿曼西奥·奥特加	750 亿美元	Zara	西班牙		
12	弗朗索瓦丝·贝当古 – 梅耶斯	744 亿美元	欧莱雅	法国		
13	穆克什·安巴尼	742 亿美元	印度信诚工业集团	印度	孟买大学斯坦福大学	化学工程MBA
14	史蒂夫·鲍尔默	741 亿美元	微软	美国	哈佛大学斯坦福大学	数学
15	艾丽斯·沃尔顿	684 亿美元	沃尔玛	美国	圣安东尼奥三一大学	经济与金融
16	吉姆·沃尔顿	682 亿美元	沃尔玛	美国	马里兰大学帕克分校	
17	罗伯森·沃尔顿	679 亿美元	沃尔玛	美国	阿肯色大学哥伦比亚大学	商业管理学法学

续表

世界排名	名字	财富	财富来源	国家/地区	学习经历	专业
18	卡洛斯·斯利姆·埃卢	621亿美元	沃尔玛	墨西哥	America MovilSAB	工程科技
19	马云	581亿美元	阿里巴巴集团	中国	杭州师范大学	英语
20	马化腾	559亿美元	腾讯	中国	深圳大学	计算机

注：（根据网络公开资料整理，https://www.phb123.com/renwu/fuhao/shishi.html）。

根据上述资料整理，我们可以观察到，福布斯榜单中排名靠前的富，他们或者其家族几乎都创立了影响世界、改变世界的公司，他们涉及领域主要是科技和零售两大方向，另外还有两家，一家是金融公司，一家是化学和能源公司。这些公司的创始人大多接受过学校的教育，并且多数是知名甚至世界一流的大学，即使有些没有接受过正统的教育，他们要么年轻时就是学徒，要么有过记者这类见识较广的职业经历。有意思的是，凡是科技公司的创始人，全部是工科专业毕业，比如贝索斯的亚马逊，马斯克的特斯拉，比尔·盖茨和史蒂夫·鲍尔默的微软，马克·扎克伯格的Facebook，拉里·埃里森的甲骨文，拉里·佩奇的谷歌，马化腾的腾讯；而零售业或者更大范围称之业务涉及服务业的ZARA、欧莱雅、沃尔玛、阿里巴巴等公司的创始人基本是文科专业，伯克希尔哈撒韦主要是家金融投资公司，也是服务业，创始人巴菲特也是学经济金融出身，也是文科专业；最后一个印度信诚工业集团创始人穆克什·安巴尼学的是化工和MBA。这里特别解释下阿里巴巴集团，虽然阿里巴巴集团目前已经营多种业务，但是马云团队最初希望是利用互联网"让天下没有难做的生意"，就这个初衷，他并非想创办一家科技企业，而是服务公司，还是在服务业这个领域。

综上所述，虽然我们无法直接下结论说学校教育是一个人取得较大成就的必然条件，因为确实有些从小就加入社会工作，并没有受到过系统学校教育的优秀人才，他们创造了令世人瞩目的成就和财富，但是学校教育与一个人的成长，知识、素质、能力的培养有着非常紧密的关系，这一点毋庸置疑。从时间点来看，在中国国内学前教育的入学年龄是3周岁，小学教育一般是6周岁以后，然后是3年的初中阶段教育，3年的高中阶段教育,从小学到高中是 9 年制义务教育,高中毕业前都会参加高考,之后是进入高等学府就学,有的选择学历教育,有的是职业教育,有的可能就是直接进入社会参加工作。

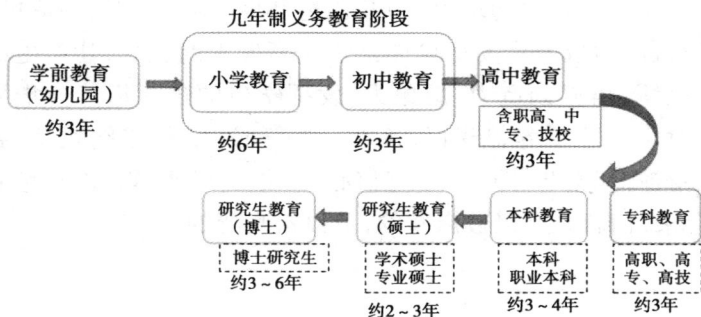

图 13-1 中国国内学历教育各个阶段

根据教育部发布的 2019 年教育事业发展统计公报,2019 年学前教育毛入园率达到 83.4%,小学学龄儿童净入学率 99.94%,初中阶段毛入学率达 102.6%,高中阶段毛入学率为 89.5%,高等教育毛入学率为 51.6%,可见学校教育已经成为多数人从 3 周岁至 21 周岁(以最低年限算至专本科,长达 18 年)的教育选择,而以教学时长最短的学前教育为例,一般为上午 9 时至下午 15 时,约 6 个小时,不同的幼儿园要求略有不同,6 个小时占到 24 小时的 1/4,而这个时长到小学会加长至 7 ~ 8 小时,初高中可能更长,如果加之回家作业,那么实际的学习教育时间还会更长,占到一天的 1/3 或者更长,换句话说,如果选择学历教育,可能将有 18 年的时间,受到该教育系统的影响,而这个过程中与教师、学校系统、环境联系时间较长,先不说学校教育的生态系统会不会对学生有直接影响,但是从时间上来说,这个占据了一个人在黄金学习阶段最长时间的学习模式,而且相信学校教育对一个人影响巨大的例子比比皆是,最典型的就是火爆的学区房。当然,在这个漫长的十几年里也会受到家庭成员、朋友、媒体、人生机遇和经历的影响。

一方面,有一种观点说创新不可教,大多数的科学研究新发现、新技术、新的商业模式都不是课堂上教授出来的,我们似乎很少听到哪个创新企业家是在大学的课堂里教出来的,更多的是在自身参与研究和实践后,经过一番努力最后创办了企业而为人所知的,这与企业面向市场的社会属性有较大关系,当然有一些是在大学期间的创业比赛中就崭露头角的,因而大力推动创新创业项目对企业家培育或多或少有一定的推动作用;另一方面,既然这些成功者中许多都是学习的佼佼者,学校教育也不可能与创新思想产生有一定关系,创新思维或许可以培育,未来的教育中更要注重创新力的培育,为其创造环境、创造机遇、创造可能,从这个角度而言,学校教育要尽可能给予创新发生的土壤,让学生的创新思维不受束缚,培养创造力、想象力,发挥学生的最大潜能。华为创始人任正非对于人才培养曾建议,多办一些学校,实行差别教育,启发他们的创新精神,就会一年比一年有信心,一年一年地逼近未来世界的大门,在他看来,创新是可以被启发的,可以被唤醒的。

13.2　教师面临的关键问题 2——创新教什么

创新能力需要教什么,什么样的课堂内容或是课程设计能够培育出有创新思维的人才和极具创新特质的人格,其实在第二和第三篇章已给出答案,从企业创新所需的创新思维和企业家精神总结 6 种创新思维,即观察思维、问题思维、顺应时代的协同思维、跨领域的迁移思维、工程思维、用户思维等,以及冒险精神(勇气)、好奇心、专注力、执行力、努力(勤奋)等 5 种创新精神,另外,教师进一步要思考的是这 6 种思维、5 种品质是单独作为课程内容,还是将创新能力培育作为一种人才培养模式和方法融入全教学过程中。

创新能力作为人才的培养目标和内容,必然会被写入相应的人才培养方案中。以大学生所处的高等教育阶段为例,在大一新生入学前,一般各专业会制定相应的人才培养方案,在制定人才培养方案之前,一般都会组织教师、专业指导顾问(通常是行业专家)对行业进行前期的调研,并在调研之后组织召开专业指导委员会,讨论该专业建设的必要性,如确有必要建设,下一步是设定该专业的培养目标,主要是要明确培养什么人,进一步讨论要培养出该类人才需要掌握何种知识、素质、能力,需要用多长的时间(一般是 3 ~ 6 年),通过学习哪些课程,课程达到何种基本要求,修满多少学分,可以获得相应专业的毕业证书,并授予相应的学位。

```
前期调研和论证  ➡  社会需要培养什么人

培养目标       ➡  培养什么人

培养规格   ┐
核心课程   │
学时学分   ├  ➡  怎样培养人
课程设置和学分 │
（教学进度表）┘
```

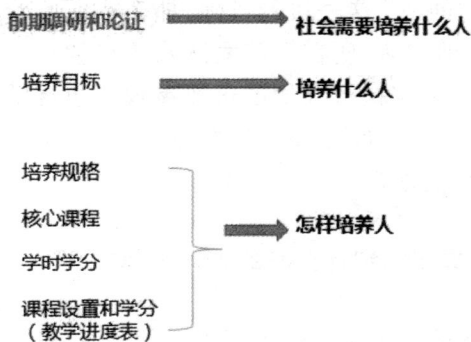

图 13-2　人才培养目标指向示意

受到新冠疫情影响,国内国外高校都在新冠疫情期间开始将课堂转至互联网,开展了大规模在线教育实践,在 2020 年春后,国内高校陆续复学,仍有教师继续使用线上教学的方式,或开展线上线下混合式教学模式,美国斯坦福大学发布的《斯坦福大学 2025 计划》中的"开环大学"思想被一次次提及,在线教学模式让人们看到这种提倡弹性学习、自主学习、终身学习的方式有较大实现的可能性,这种畅想实现的速度比想象可能要更早。

然而,无论是线上线下不同的学习平台,还是约定时间或任意时间不同的学习周期,教育的目标应该基本相同,当然如果时间跨度过大,课程内容或内涵将随着社会发展发生变化,但在素质方面的要求,应该包括以下举例内容:

"树立正确的世界观、人生观和价值观,树立诚信意识,具备良好的劳动品质、道德品质与职业操守,具有社会责任感、国家情怀与全球化视野;具有良好的专业素养,熟悉国家有关的方针、政策和法律法规,了解所学领域的发展动态;具有良好的人文和艺术修养、人际沟通能力、团队合作意识和自然科学常识,了解优传统文化与思想;具有良好的心理素质和健康的体魄;具备较强的创新精神和创业意识"。

注意"创新精神"是所有人才培养计划中必然包括的核心素养。习近平总书记曾强调:"创新是社会进步的灵魂,创业是推动经济社会发展、改善民生的重要途径。青年学生富有想象力和创造力,是创新创业的有生力量。"近年来,各高校极大力度推进创新创业教育,鼓励大学生申请国家、省、市创新创业项目,将创新创业教育融入人才培养体系中,而这其中最强调的还是创新意识、创新精神。既然在人才培养目标和培养规格中制定了"创新"这一培养目标,那么如何培养创新就是专业负责人、整个专业教师团队、所在学院团队及所在学校团队需要去仔细思考、认真制定方案、切实执行计划的重要事项。通常学校层面更多地提的是目标,但是具体实现路径还是需要专业层面、课程层面具体的教师团队进一步细化实施方案。

第一步,创新需要制定什么样的人才培养方案

人才培养方案的制定是具体创新方案的落实基础,人才培养方案指向几个最为关键的问题——培养什么人,怎样培养人。既然培养目标中已经明确要培养有"创新"思维和素养的人,要培养具有创新精神、创新意识的人,那么进一步地,怎样培养具有创新思维的人,如何营造鼓励创新的环境。创新是一门课程,还是课程群,还是需要将教学思维融入在每门课程中,诸如此类问题,应该在制定人才培养方案时不断论证。

方案 1:单独设置一门课程

目前,国内许多大学在设置人才培养方案的课程时,比较少单独设置直接与有关创新的课程,比如北京大学的"强基计划"培养方案为例,该方案是 2020 年北大根据教育部开展的部分高校基础学科招生改革试点,在方案中提到较多的词是"创造条件"、保障,如开设以实验班系列课程为核心的创新型课程体系,同时开设英文班、MOOC 班、平行班,以满足不同类型的选择,尽可能实现个性化培养,而与"创新"课程直接相关的表述则是将以暑期科研创新创业实践,数学专业则是开设了拔尖课程等特色课程,以促进学生在基础学科下创新能力的培养。创新思维与数学思维类似,以本科阶段商科专业的数学课程举例,一般至少开设微积分、线性代数、概率论与数理统计等课程系列,无法涵盖在一门课程里实现,因为数学是一种思维的训练,需要系统性学习。

同样的,如果要培养创新思维,单独一门创新类课程,很难达到在大学期间学生基本掌握创新思维的目的,因此必须将创新教学贯穿在整个大学 4 年时间当中,单独在一学期开设一门课程,特别还是讲授为主的话收效甚微。但是由于创新课程没有单列在课程体系中,创新在具体实施过程就容易沦为一个口号,而不像其他知识类课程,显性的信息和内

容较多,更容易被观察和考虑在内。

方案 2:设计一个创新系列课程,贯穿在大学全过程

综合方案 1 中的论述,既然假设 1 中单独开设一门创新课程过于单薄,较难承载起大学期间创新能力培养的任务,那是不是可以设置创新课程 1、2、3、…设置一个创新系列课程,如成长型思维培育一样,大学期间每个学期承载 1 个或几个主题,直至大学毕业完成整个创新思维的培育以及创新能力的养成。如果该方案可以,那么就需要设计具体的创新课程和主题,其主要内容应该围绕着第三篇章,根据企业创新需要所提出的创新人才特质,在这些方面思考如何成体系地设计相应的创新系列课程。

方案 3:创新课程的实现可以是多样的,不一定是某个课程

创新能力是基于创新思维,而创新思维更多的是一种思维方式,而不是简单的知识记忆、背诵、分析,更多是创造、创新。那么可以将创新思维方式训练总结成创新思维培育的方法,供所有任课教师参考,亦或者鼓励所有教师围绕着创新思维培育的目的,开展多层次多角度多种方式的创新教育探索,使创新成为一种开放式的教育方式。

第二步,谁是创新方案主要的执行者、检验者、完善者、创新者

那么如果能顺利制定好方案,谁是这个方案的执行者、检验者、完善者和创新者,如果把创新培育看成一个生态系统,那么在这个创新生态系统中的参与者主要是谁? 生态系统概念最早在 1935 年由英国学者坦斯利提出,后被引入教育界,主要是注重研究支持机制的相互依存性和互动性,整个生态系统主要包括核心层和外围层两个圈层,结合 Huction & Water(1987)需求分析模型中的学习需求分析和缺欠分析,即学习者的学习动机、策略以及学习环境、条件等,可以将创新能力培养生态的核心层构成主要是学生、同伴、教师、学校等要素,外围层构成主要是企业、政府、外部技术等要素,但此处的核心层和外围层同等重要,只是围绕学校体系为中心去分析得到。

我们都熟知比尔·盖茨创办微软,乔布斯创办苹果,马克·扎克伯格创办 Facebook 等故事,还有表 13-2 所示其他创业者创业前的人生经历,多数与教育、社会实践紧密相关,而教育包括家庭教育,有几位的父母都是大学教授,进行过较为完整的系统性学习,本身也是教师,或许在懂得如何与孩子有效沟通,传达相应的思维方式有更多的经验,有的从小就有非常多有关探索的实践经历,对其后来成长影响较大,还有几位科技公司的创始人,如马斯克、比尔·盖茨、扎克伯格,较早地接触到的编程方面的学习内容,为其后续创办公司奠定了技术认知和基础。

表 13-2 2021 年福布斯排行榜前 10 位创业前经历

姓名	经历	关键词	本质
杰夫·贝佐斯	外祖父是前原子能委员会的一位管理人员,培养了他对科学的热爱,14 岁时,他就立志要当一名宇航员或物理学家,中学时代成立"梦想"协会,开办暑期活动,开发学生的创新思维,甚至鼓动他的妹妹、弟弟来参加	外祖父影响 少年立志 暑期活动 开发创新思维	教育、实践活动
埃隆·马斯克	10 岁,利用自己攒的零花钱和父亲赞助的部分资金买了人生中第一台电脑,之后又买了一本编程教科书,并且学会了如何编程,12 岁成功设计出一个名叫"Blastar"的太空游戏软件,之后以 500 美元的价格出售给了《PC and Office Technology》杂志,赚到了人生的第一桶金	10 岁买电脑,学编程,12 岁设计软件将其卖出后赚的人生第一桶金	编程
比尔·盖茨	在哈佛的时候,盖茨为第一台微型计算机 MITS Altair 开发了 BASIC 编程语言的一个版本	在校开发出 BASIC 语言版本	编程
马克·扎克伯格	二年级时他开发出名为 Course Match 的程序,这是一个依据其他学生选课逻辑而让用户参考选课的程序。一段时间后,他又开发了另一个程序,名为 Facemash,让学生可以在一堆照片中选择最佳外貌的人。根据扎克伯格室友 Arie Hasit 的回忆,他做这个只是因为好玩	开发选课程序匹配程序	编程
钟睒睒	曾经在浙江日报做了五年记者	记者经历	实践
沃伦·巴菲特	父亲从事与证券有关的工作,6 岁卖口香糖,卖过可乐、报纸、二手高尔夫球等,在图书馆看到了复利,11 岁买了人生第一张股票	11 岁买股票	家庭超乎同龄人的勇气和认知

续表

姓名	经历	关键词	本质
拉里·佩奇	父母亲都是密歇根州立大学计算机教授，称对其影响最大的是奥基莫斯的蒙台梭利学校	父母、小学经历	家庭教育
谢尔盖·布林	父母两人皆毕业于莫斯科国立大学，父亲米哈伊尔·布林当时在莫斯科一所学校任教，后是马里兰大学任教的数学教授，母亲叶夫根尼娅则为美国航空航天局工作	父母	家庭教育

13.3　教师面临的关键问题 3——创新怎么教

当然，创新能教的前提是建设好一支具备创新能力的教师队伍。创造力培养要与一般日常课程教学相融合，一个是创新思维方法应用的指导，另一个是课程思政的重要内容之一——培养企业家精神。以创新能力培养为目的的教学，教师必修要善于吸收最新领域成果、思维方式并重视培养创新的精神世界。我们先来看看教学的过程是怎么产生的？日常而又普遍的教学过程安排大概分为课前、课中和课后三个阶段，首先是教师做好教学设计，设定好教学目标、安排好教学内容，准备相应的素材、教具和学生的学习材料等，通常这个过程被称为课前的准备，也就是备课，这个过程可能会涉及参阅大量的资料，实地考察，模拟试验等，其次是教师通过线上线下多种适宜教学内容的呈现形式，引导学生沉浸在以教学内容为基础的教学活动中，最后是课后拓展、测试、评价、反馈等，教学过程中和教学活动完成后，一般教师还会形成一份教学反思。创新能力培养最大的特点，带着创新精神让创新思维贯穿这个教学过程。

那么，教师如何教，如何培育创新思维，设定产生创造力的系统，给予激发学生创造力的环境。安妮·布洛克（Annie Brock）和希瑟·亨得利（Heather Hundley）合著的《成长性思维训练——12 月改变学生思维模式指导手册》曾获得"一丹奖"，该奖项由腾讯主要创始人陈一丹于 2016 年创立，奖金金额高度 3000 万港元，是诺贝奖的 3.5 倍。该著作中详细描述了具体培育成长性思维的路径，该书的英文名更能表达出书的意图——"The Growth Mindset Coach: A Teacher's Month-by-Month Handbook for Empowering Students to Achieve",通过一个月一个主题培养成长性思维。同样的,创新思维是否可以通过类似的具体设计,也有一套思维模式训练方案,此类的问题应该在制定专业人才培养方案时被考虑在内。

第 14 章　创新能力培养的准备和观察

14.1　金课的"两性一度"与创新能力培养

"课程是人才培养的核心要素,学生从大学里受益的最直接、最核心、最显效的是课程。"2018 年 12 月,在第十一届"中国大学教学论坛"上,中国教育部高等教育司司长吴岩明确提出,中国的大学要建设和打造一流的金课,而衡量是否算得上一门金课的标准就是高阶性、创新性和挑战度,高阶性需要教师助推学生能够具备处理复杂问题的综合能力和思考问题高阶思维,创新性体现了课程内容、课程教学形式的前沿性、时代性,需要教师"以学生为中心"助推学生习得探究能力和独立思考的思辨精神,挑战度是助推学生树立终身学习的理念,不断自我挑战的意识。

关于高阶性

高阶性的落脚点主要在创新思维,通过单个或组合运用培养创新能力的几种创新思维方式,能够系统性地看待面临的情境和问题,让学习者通过学习和深度思考后能够做出更好的决策。如果按照布鲁姆教学教学目标分析法,如图 14-1 所示,将课程目标分为记忆、理解、应用、分析、评价和创造 6 个层级,前三者主要是低阶目标,后三者则是需要在金课中重点指向的高阶目标,要对一样事物作出分析和评价,往往需要具备对事物和所处情境的观察思维,比较事物之间异同时的迁移思维,并且具备一定的问题意识,能够及时地发现和提出问题,而做出深刻洞察和问题分析和决策的前提,则是需要具备对当下时代和未来的基本判断,这需要与时俱进的协同思维,而工科思维以问题的提出、理论和假设、实验、验证和修正假设的形式,本身就是一种面向实际问题、跨学科系统逻辑思考和设计的指向创造性能力目标实现的高级思维。

图 14-1　布鲁姆教学目标分类

关于创新性

把握创新性的关键点在于回答三个主要问题,第一,过去和现在已有什么;第二,未来可能有什么;第三,如何能够更好面对和处理未来的问题。因而,课程教学过程必须具有与时俱进的前沿性和时代性,在过去、当下和未来切换视角的迁移能力,比较新旧问题、正反面、横纵不同面的观察能力,以及具有持续思考和不断探究的能力。创新也是布鲁姆教育目标评价中的最高级目标创造的主要特性。评价一个具有创新性的教学过程,不仅仅是学习产出和成果有创新性,整个教学的实现过程也要紧跟前沿与时俱进,在5G、移动学习的时代,师生都应具备良好的数字素养,充分而精准地应用智能信息技术丰富教学活动场景,利用好移动互联网终端(智能手机)、VR、AR、人工智能等技术增强,并将脑科学、认知科学、神经科学等最新研究领域的成果运用到学情分析、教学评价和教学活动设计中去。

关于挑战度

所谓挑战的任务,即是有一定难度或是有一定深度的任务,有别于先前已有经验的任务,需要尝试体验、探索和发现的任务。在课程教学实施过程中,聚焦学习目标、学习内容、学习时间、学习评价等在挑战度维度的衡量,有助于激发学生潜能,培养不畏苦难,勇于挑战,勇于自我超越的精神品质,且适宜难度的挑战任务还能增强学生的自信心和成就感。激发每个学生的潜能,帮助学生找到自己的优势和局限是当下和未来教育教学中的主要任务,结合挑战度的教学设计,有助于分层分类实施个性化教学。针对不同学生的学习基础、人格特征,为学生设计不同的学习任务,将任务分级,以项目化、游戏化、体验式等形式,帮助学生不断探索自我能力边界。硅谷的成功原因之一,即是在协作与探究中挑战真实场景下的企业面临的复杂难题,偏向于实践产出且兼具完成难度的任务一旦被挑战成功,往往就会产生创新性的研究成果或新业态。

表 14-1　不同挑战度下的学习任务比较

等级	学习任务设计	完成以后页面
第一关	常规题,如请谈谈新冠疫情给老年人带来了哪些不利影响	你真棒!继续挑战
第二关	非常规的,如谈谈新冠疫情给老年人带来了哪些有利影响	你真棒!继续挑战
第三关	不能立即解决的,如在养老社区实习一个月后,提出养老社区以防突发公共事件的改进方案,不少于 1 万字	你真棒!继续挑战
第四关	不能独立完成的,请以 3 ~ 5 人小组为单位,拍一个 10 分钟以内的情景剧,来呈现老年群体的风险场景	你真棒!继续挑战
第五关	完成需要多学科背景的,请设计一个适老化的保险服务点	你真棒!继续挑战
第六关	设计一款新型的保险产品,并能模拟推销成功 10 人以上	恭喜闯关成功!

14.2　创新能力培养的课前准备

培养创新能力的课程是以创新视角重构了课程的教学内容、教学方法、教学评价等课程主要构成要素,体现出挑战度、高阶性、创新性三大课程特性。从教学基本环节来说,创新能力培养的基本实施环节与传统的课程教学并无太大差异,即先明确教学理念,结合学情分析确定课程目标,再进一步进行教学设计。为了更好地阐明培养创新能力的教学在具体课程的实施和应用,本章节将以授课近十年的《保险学》为例,结合最新时代热点和教学方法,来说明创造性教学的 6 种创新思维和 5 类创新人格品质是如何作为基本手段和培养方向开展创新力培养实验及其观察的。

这里只将教学理念、学情分析、课程目标做一个阐释说明,然后主要围绕着创新能力培养具体展开。

14.2.1 明确教学理念

立德树人,基于学习产出的教育模式(Outcomes-based Education,OBE)理念引领学生适应未来的需求,帮助学生建立对于不确定性事件的决策思维,以建构主义理论为指导,坚持以学生为中心,基于翻转课堂教学模式,以任务驱动、启发式、协作探究式等方式为学生提供学习支架,尊重学生的认知规律,引导学生基于已有的知识体系思考问题、分析问题、解决问题,从浅表学习引向深度学习,培养在真实场景中应用理论和分析解决实际问题的能力。以调动学生主动学习积极性为目标,课程内容紧密联系实际,结合当今时代的发展,为学生创造有意义的学习活动。老师是不再是单纯讲课,不再是学生多数时候的"输入",而是围绕着学生在学习中的关键问题答疑解惑,引导学生思考和实践,增加"输出"活动。重点关注学生在学习活动中的知识、能力及素养方面的收获和改变。

14.2.2 深度学情分析

课程开课时间一般为大三下学期或是大四上半学期,属于面向高年级学生的学习课程,因此课程十分注重挑战度设计,以及高阶能力和创新能力的培养。基于对课程前学生的问卷调查和历届学生的学情数据,教学过程要重点解决以下三个重要问题。

①学生涉及深度思考的学习活动亟待增加。纯讲知识点的部分尽可能要放在线上,课堂内分析讲解重难点,要采取进阶式、PBL(Project based Learing,项目式学习)等方式替代单一讲课促进学生深度思考,提升学生活动的时间比重,增加每个人思考和表达的机会,重在应用、分析、评价和创新的高阶教学目标实现。

②激发学生学习志趣和潜能、创新精神的活动亟待增加。只传授知识,较少从认知科学视角,研究学生的学习动机,如动力、情绪、意志等,掌握学生的行为数据,要学会总结和分析每个学生的关注点,特长,形成学生画像,分类设置和指导学生学习进度,大力鼓励与众不同创新有关保险课的观点、作品。

③敢于质疑、敢于实践、敢于追求自我超越的意识亟待增加。知识完成学习内容,完成之后比较少再深入继续探索,要师生需要共同树立终身学习的理念,追求自我更新迭代,课程需要通过小组案例分析、辩论赛、课后拓展资料阅读、KWLQ①学习报告、思考题等形式,与每月发生的国际国内热点结合,设计相关的学习材料,通过师生互动、生生互动,相互点评,互相挑战。

14.2.3 理清课程目标

基于学生创新能力培养的课程目标是在结合学情的基础上,根据布鲁姆教学目标分类法和立德树人的思政理念而设计,并结合线上线下混合式教学,将 70% 的知识目标通过线上的课程自主学习完成,与能力目标和素质目标达成有关的教学内容基本安排在线下达成,同时,课程目标中特别突出对于课程思政元素说明。

知识目标:以中外保险发展史作为线索,建构基本知识框架,知道保险的基本概念和原理;能够说明和识别保险合同;解释保险的主要险种,举例说明和评价国内外保险业险种特点;描述保险精算、基金、监管规则等,熟悉法律、社会学、心理学、数学相关跨学科知识。

能力目标:具备解释保险学主要概念和原理的表达和沟通能力;保险案例的收集、分析和评价的能力;用金融数据分析的能力;初步具备设计新消费需求下新保险产品的能力,并有不断挑战自我的意识。

素质目标:具有国际视野,家国情怀,树立诚信和法治意识;建立团队协作的意识和创新精神,具有良好数字素养,认可良好的职业道德和社会责任感;建立风险和决策思维,面对难题和得失具有较好的心态。

课程思政元素:立德树人,坚持价值引领与知识传授有机结合,形成全过程育人、全方位育人的教育理念,通过课程思政反哺课程教学。介绍金融从业者的职业经历等,培养学生的职业素养,以风险案例和事件为切入点,培养学生的职业道德和风险意识,通过中外金融案例研究,培养爱国意识、责任感和使命感,讨论与大学生生活相关的风险管理案例,直面真实的问题和困惑,学习、讨论、辩论、分享,具体举例如下:

---

① KWLQ 教学模式是在教学中遵循 What we know-what we want to find-what we learned leamde and still need to learn-More questions 步骤的一种有效阅读教学模式。

育人元素　　　　　　　　　　　　　专业知识

1.培养对不确定状况的良好心态
2.培养金融业守信的意识
3.认识金融业自由的边界（职业道德）
4.团结协作、包容、尊重他人的重要

1.疫情的不确定，正确看待风险
2.诚信与信用，信用风险及其管理
3.资金运用和监管
4.小组大作业：保险案例研究

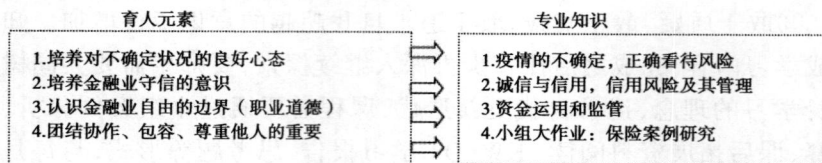

图 14-2　课程思政：育人元素与专业知识相融合

14.2.4 课程内容安排

　　课程内容分为线上和线下两个部分，线上主要从导学（回顾和解答）、讲课视频（知识点讲授）、小测试、教材课件、作业（KWLQ 报告）、课后拓展几个方面建设每个章节，线下主要是面对面案例教学、探究式学习，应用、分析、评价和创新。线上主要建设优慕课（Umooc）线上平台。

　　课程内容主要包括风险与保险、保险概述、保险合同、保险的基本原则、财产保险、人身保险、再保险、社会保险、保险精算和基金、保险热点专题讨论等，除保险学基本理论与实务知识体系框架外，设计保险热点专题讨论穿插在每一节课后，主要主题如下：《看疫情，谈风险管理》《看各种网络崩溃，谈风险管理》《看美股熔断，谈风险管理》《看奥运推迟，谈风险管理》《如何在变化的社会中提升应变能力》《如何看待瑞幸咖啡事件》《如何不浪费一场危机》《看口罩出口，谈产品风险》《看原油宝事件，谈风险管理》《看"前浪"巴菲特，谈风险管理》《相信未来，谈健康保险变化》《看养老问题，谈养老规划》《来，你与保险设计师就差一道练习题》《如果，我们要在疫情下过大四，如何应对》等。

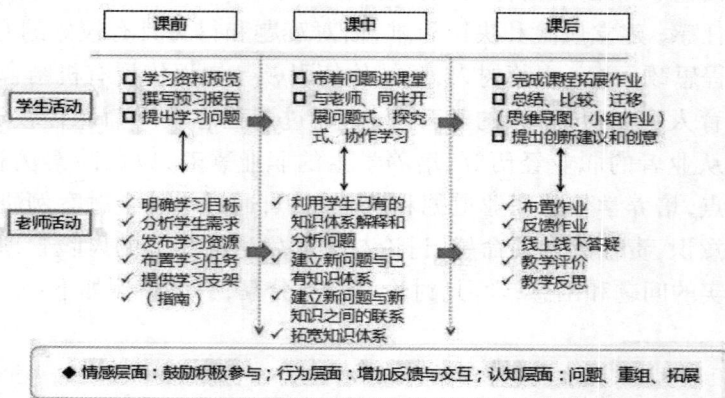

图 14-3　线上线下混合式教学安排

14.3　创新能力培养的实验及其观察

以下是基于创新思维和创新精神设计教学活动,并将学习者真实的表达、反应作为重要的学习行为数据记录、分析并撰写创新力观察小结,此部分也可作为教学反思和改革的重要依据。通常是这样一个过程,教师发布任务,学生们以 4 ~ 6 人为单位组成小组,时长大约 15 分钟,适合作为课堂热身环节,总结环节,或是全场不间断头脑风暴讨论等。每个 15 分钟大约可以这样安排,首先是组内成员各自发散思考(5 分钟),其次是小组成员进一步讨论并收敛成一个可以相对全面的答案(7 分钟),然后是教师随机抽取组内一名成员或小组成员自选一名代表作阐述(3 分钟),前者的得分会高于后者(因对每个小组成员都需要做好准备,相对更有挑战),在成员展示时,其他成员可辅助其完成思维导图、形象展示,表演等过程。以下选取 5 个创新实验题进行回答及创新力观察。

创新实验题 1:如何看待危机,并转危为机(观察思维 + 迁移思维 + 挑战)

任务:危机的应对可能带来新的机遇,盘点中外历史上出现过的黑天鹅事件,结合当下的新冠疫情,请从衣、食、住、行、娱挑选其中之一,来谈谈如何不浪费一场危机。

小组 1:此次新冠肺炎疫情袭来后,学而思第一时间决定将线下课程转为线上课程,课程效果屡获好评。殊不知,这样娴熟的转换是基于 SARS 时打下的基础。受当年 SARS 疫情影响,学而思线下课堂全部停课,创始人张鑫邦迅速决定转战线上,创办"奥数网",借助互联网为学生在线提供解答。奥数网便是学而思线上教育的雏形。学而思的举动在当时对众多线下机构形成深刻启发。此外,SARS 肆虐前,位于北京市 CBD 核心区的旺座公寓在其管理公司凯宾斯基酒店管理集团的建议下将楼体外立面换为呼吸式幕墙。据了解,呼吸式幕墙始于 20 世纪 90 年代的欧洲,具有通风、空气可循环、污水可洁净处理、风道可实现药物输送、可对楼内环境进行紫外线消毒等多项新技术。SARS 爆发后,安装有玻璃式幕墙的楼体成为市场抢手货,旺座赢得良好口碑,也带动了凯宾斯基在中国其他类似楼盘的销售。

小组2:1.电商,短视频,游戏,线上教育,知识付费等线上项目,将遇到空前的发展机遇,乃至会井喷;2.各种配送平台和上门服务平台,比如蔬菜配送,定制化餐饮配送,清洁/保姆/搬家等各种上门服务。

创新力观察:

转危为机有两层含义,一是提醒学生要联系全球化下中外国家已有的类似经验看待危机,二是引导学会逆向思考危机如何不会变成限制和束缚,而是作为一种优势和机遇,同时引导学生要客观积极,在面临危机时具备良好的心理心态。此任务计划激发学生的观察思维(逆向找机会)、迁移思维(如何联系到相应案例)、执行力(有可能找不到,但是一定要在限定时间内给出答案)。小组1和小组2展现了2种不同的思考结果,小组1用了2个例子来回答问题,学而思的例子是用来分析企业如何在过去线下危机中找到线上机会,并成功将危机化解的经验,并从新冠疫情联系到SARS,呼吸幕墙成抢手货的例子来举例SARS时酒店业一个成功转为危机的经验,在小组1的展示中,可见学生已使用到迁移思维和观察思维;小组2的问答中,展示了2类行业,一个是在线经济,另一个是上门服务,相对于小组1,小组2的内容时代感较强,并且举例内容涉及面更广,明显用到了与时俱进的协同思维、观察思维、用户思维、表达也较为精练,但美中不足的是只是举例结果,没有解释结果得出的理由,任务的落脚点是如何不浪费危机,逻辑链条一般应该是危机——后果(如哪些行业和人群受到影响,原因)——减弱负面影响,增加积极影响(即转为危机),学生的表达词中只是给出了结果,在结论环节缺少对提出措施背后原因的表述和解释,小组表达缺少一定的逻辑性,需要教师在布置任务时,增加思考逻辑的举例,以让学生明白如何有依据有逻辑地表达结论。

> 划重点:分析问题需要的是逻辑思维,解决问题才需要创新思维。所以,从问题设计来看,要根据学生特点,设计不同类型的题目,考查创新能力要偏向于产出和结果。

创新实验题 2：来，你与保险设计师就差一道练习题（综合设计思维）

任务：假如直播介绍保险，你认为最火的会是什么险，理由呢？（险种可以原创）

小组 3：考试险。像现在随处可见的"转发这题这条锦鲤考试不挂科"等，正说明了现在的年轻人对于通过考试的期盼。网络直播是近几年新兴的一种活动，观看直播的人年轻人居多，年轻人就避不开考试、考证等。所以在网络直播中介绍考试险还是非常有市场的。交一定的保险费，如果没通过考试就给多少钱。

小组 4：秃头险。因为现在工作压力越来越大，大量打工者面临加班、熬夜、忙碌的生活现状，从"双十一"的商品购买上就可以看出，人们面临着逐渐扩大的增发需求，因此推出秃头险可能是一个好的选择。

小组 5：医疗险，今年的疫情对全球的打击实在是太大了，如果直播去介绍肯定会大卖。

创新力观察：

这是一道开放的设计题，并且给了学生两种选择，一个是选择在已有的险种清单里去选，另一个是选择设计一种全新的险种但是仍然会觉得好卖，前者占比 30%，后者占比 70%，设计直播营销的背景是提醒学生要注意国内外市场最新动态下的新业态和新消费模式，各小组普遍展示时间不到 3 分钟，介绍完险种和理由基本只需要 1 分钟。此任务计划激发学生的观察思维（分析直播营销的特征）、迁移思维（别的产品卖得好，什么样的保险产品也能卖得好）、用户思维（如何满足最广大用户的需求）、勇气（可简单选已知清单，是否会挑战创新险种）、好奇心（选用年轻人喜欢的直播模式作为案例背景）、工程思维（设计）。小组 3 和小组 4 选择设计新险种是一种有勇气、敢于尝试和自信的表现、小组 5 则选择了较为普通的医疗险。具体来看，小组 3 的考试险是基于网络直播群体分析的选择结果，因其结果为年轻人，所以他们针对年轻人设计了高频应用场景的考试险，整体来看，体现了用户思维（用户是谁，为谁设计）、观察思维（从日常生活观察年轻群体的需求），只是举的例子容易出现逆选择，因而在可行性分析上还可进一步优化，如设置一些考试限制条件等。小组 4 的秃头险与小组 3 的案例思维过程有些类似，背后的创新思维也较相似，因而不再重复叙述。小组 5 是选择了市场已有的医疗险，通过联系当下全球疫情的实际情形，判断医疗险容易拉近受众距离，实现大卖的效果。小组 5 的思路是一种较为普遍和常见的答案，虽然极有可能获得从 1 到 N 的成功，也较容易出现雷同，缺少问题思维，需要进一步激发该小组求异思维，观察到新的市场机会点。

> 划重点：求异思维是帮助学生建立起观察思维的突破口，围绕着目标用户，用求异思维将客户分类，分成常规和非常规，分析非常规客户的潜在需求，寻找有可能的商业点，再从可行性做好论证，结合最新技术应用（如数字化），往往就是一次商业创新。

创新实验题 3：养老能靠保险吗，体面养老如何早做规划（现实复杂问题）

任务：在儒家思想的影响下，传统的"家庭养老""养儿防老"模式成为中国长期以来老年生活保障的关键手段，加之近年来我国基本养老保险制度不断完善，广大国民对自身的养老保障预期又增加了新的信心。在此背景下，广大国民养老金融储备意识严重不足，有研究表明，目前我国老年人收入的主要来源渠道排在前三位的分别是家庭其他成员供养、劳动收入和养老金收入，财产性收入仅占非常小的比重。年轻一代（35 岁以下）开始进行养老储备的规划年龄普遍较晚，其中有将近一半尚未开始为养老做任何储备，这一代年轻人缺乏对未来的紧张感，大部分人计划在 40 岁时才开始储备。除此之外，中国广大居民的金融专业知识比较匮乏，居民普遍对养老金融产品缺乏认识，对理财产品普遍要求"低风险"和"高收益"，对于金融政策法规、金融市场、金融产品和金融风险等尚未形成良好的认知。因此，在养老金融储备意识不足和养老金融专业认知有限的双重困境之下，导致广大居民养老投资参与意愿不足。请谈谈年轻一代，应该如何从金融角度做好养老规划。

小组 6：可以考虑三个维度：空间、时间、事件。空间，就是打算在哪养老，要知道二线城市和一线城市的养老水准和成本可是不一样的。时间，是规划多久的养老年限，比如按照现在 65 岁退休，从退休后到预期寿命，是规划 20 年，30 年，还是 40 年？事件，分两种，一种是提升生活品质的，比如计划退休后旅游、上老年大学等；另一种是突发事件，比如疾病、家庭事故，需要用到大笔资金的。把这三个维度涉及的费用数字化,相加算一下,这是你要覆盖的养老费用目标。

小组 7:单纯地靠商业保险养老,是很不现实的。养老是个社会问题,不是一个简单的事情,政府和个人,都在思考出路在哪里。目前,比较中肯的建议是,储蓄 + 社保 + 商业保险,是构成养老的基本底线。当然,有房产和孩子会更好一些。同时,最好找到自己的财产性收入,也就是说,找到自己适合投资的渠道和方式。也就是说增加自己的被动性收入。目前,推行的多种模式,其实都是在理论摸索中,实践起来还需要一定的时间检验。而我们的现实情况下,最好在年轻时,把底线,也就是地基打好,这不是个人问题,是家庭问题,甚至是几代人都必须面对的问题,广义上说,这是社会问题。

创新力观察:

众所周知,中国已面临的老龄化问题日益严峻,关注时代,关心社会是年轻人必须肩负的责任。如何体面养老需要充分考虑到老年人的需求,如何找到切入点分析,同时提醒现有任何产品(保险产品)都有可能是有局限的,在这个任务中,教师助推激发学生的问题思维(老龄化社会、养老难的问题在哪)、协同思维(不断关注当下热点,要有危机意识)、用户思维(老年人群的需求是什么)等,同时还有专注力(聚集一个领域一个方面,如何破局)。小组 6 和小组 7 都进行了深入思考和分析,小组 6 从时间、空间、事件来剖析观察养老问题(观察思维),不同维度分析养老问题(迁移思维),老年人用钱提升品质和防范风险(用户思维)、懂得融入数字化体现了协同思维。小组 7 结合案例中出现的关键词,一一对答相应的关键问题,给出了"储蓄 + 社保 + 商业保险"的解决方案,并最后能落脚在年轻人打好地基,打好基础上,有一定的实际感悟,但仅仅从解决方案来看,这一条是现有大多数人的选择,不算是太有新意,那为何没有体现出新意,有观察思维吗,提到了养老问题是涉及方方面面的社会问题,但能仅仅泛泛谈这是一个社会问题,要向小组 7 要持续追问,这是一个什么样的什么问题呢,为什么他会变成社会问题,没有建立问题与答案之间的逻辑关系,没有一层层递进分析,缺少问题思维会让思考缺少的内容缺少逻辑性,因而在授课过程中观察思维和问题思维是放在较靠前的位置,自然就会发现时代性的协同思维,迁移思维,以用户或研究对象为出发点,引发用户思维。

划重点：问题思维与观察思维相辅相成，一个有意识的发明创新过程，一般会经历洞察——发现问题——解决问题，这样三个基本的过程，创新能力虽然强调解决问题，但其实解决问题会有多种思维和方法去探索，因为目的明确，即解决问题。而发现问题往往是最难的，要帮助学生学会提出问题，提出好问题。

创新实验题4：突发公共事件后的健康保险市场是否会有变化（观察、协同）

任务：根据调研数据显示，2020年1—2月健康保险呈现出三个特征：一是，从年龄上来看，90后的购买量增长迅速，超过60岁以上群体对健康险的咨询量上升；二是，从职业来看，物流行业的投保量较高；三是，从地域来看，一二线城市的订单增量和增速已经被三线城市赶超。请结合所给素材，从3条中选其中一条，谈谈为什么会发生这样的变化，分析其原因。

小组8：90后群体增长的原因有：一是年轻人作为网络平台用户的代表以及消费的主力军，接受新鲜事物能力高。二是科技推动保险业发展，更受年轻人喜爱。老年群体对健康险的关注度有所上升的原因有：一是中老年人既有长期稳定养老收入的需求，又有重大疾病等短期突发状况下用钱的需求。比如这次疫情，会更加关注意外情况发生。二是老龄化越来越严重，老年群体会更加关注健康。

小组9：物流、网约车、快递员、外卖行业等群体投保意识快速上升。原因：一是受疫情的影响，在新冠疫情期间这些行业的从业者坚持工作，为抗击疫情、全社会的服务体系保持运行做出巨大贡献，同时，他们也面临相对较高的健康风险，对健康险和意外险的需求快速提升。二是受疫情的影响，网上购物、网上消费成为一种流行趋势，这些行业将会有更多的订单，每天工作量大，健康受到一定的影响。

小组10：用户地域分析，三线及以下城市订单量增长的原因：一是疫情之前，三线及以下城市保险行业的发展以及普及远远低于一二线城市，三线及以下城市保险意识薄弱，许多百姓都无意识购买保险。二是受疫情的影响，三线及以下城市的居民意识到了健康的重要性，意识到了一旦生大病，治疗费用是很大一笔支出，家庭将会受到重创，于是意识到购买保险来转嫁风险。

创新力观察：

2020 年初爆发的新冠疫情是人类历史上罕见的公共卫生事件,已造成了全球大流行。随着百年未有疫情影响和人民对美好生活的要求不断提高、健康意识的整体增强、生活方式的全面改进以及人口老龄化的不断加速,人们对健康产品和服务的需求急剧增长。任务 4 的设计助推激发学生的观察思维、迁移思维、用户思维、协同思维等,用正在发生和经历的疫情作为切入口,提醒学生要与时俱进分析和思考生活中的案例,并以举例 3 个视角引发学生多角度看待同一个事件。小组 8 选择了年龄视角,尝试解释购买量增加的问题,能够分别根据年轻人和老年人特点分析数据变化的原因,已建立用户思维,当指向人的研究分析时,通常要用到的即是用户视角;小组 9 选择探究物流行业的变化,用得比较多的是用户思维、问题思维、迁移思维;小组 10 选择不同地域的比较,从保险普及的问题思维引向三线城市数据变化的原因分析,这里比较典型的是观察思维、用户思维。原因分析的题目容易激发的问题思维,迁移思维,协同思维,如果是商品的变化,容易激发用户思维。

划重点:在布置应用场景或分析角度相对广泛的案例研究任务时,可以将讨论分为两个阶段,第一个是头脑风暴阶段,本小组内成员讨论发散思路,理出可能的所有场景或角度,然后可以在各个中补充细节,提醒在没有理出来所有角度之前,不要嵌入某一个角度的细节描述中去,有想法和灵感的可以及时记录,但是先不讨论,等角度都罗列好后再补充;第二个阶段是分角度阶段,选择一个感兴趣的角度,在全班(所有学习共同体)范围内,选择一个讨论组,进一步进行深度讨论,然后用图文并茂的请示,小组展示 8 ~ 10 分钟(约 2 000 字文字稿工作量)PPT。

创新实验题 5:从口罩出口谈产品风险和产品制造(创新精神的底色是中国质量)

任务:2020 年 4 月,西班牙一媒体报道,从中国进口的一批绿色包装的 N95 口罩,被监测出未达到欧盟进口标准,且这批口罩由中国一家名叫盖瑞银河的公司生产制造,已被宣布在西班牙全境禁用,中国驻西班牙大使馆也关注到了此次事件,并与中国制造商商讨妥善解决处理好这一问题。请从产品责任、产品质量谈谈你对该事件的看法,我们需要怎样的中国制造。

小组11：对外出口口罩与在国内市场销售口罩，完全是两码事。在国内，口罩的生产、质检、流通和销售等都遵循的是同一部法律，只要国家批准了，企业按标准生产、销售就没有任何问题。但口罩出口就不一样了，除了符合我国的标准之外，还必须要符合进口国的标准与法律。企业如果不了解国际贸易规则，不清楚进口国的法律及产品检测标准，就盲目地做口罩出口，需要承担很大的法律风险，甚至有可能赔得血本无归。

小组12：重视医疗物资出口工作，相关部门严把质量关，将100％查验，维护出口秩序，严厉打击假冒伪劣行为。对粗制滥造，假冒伪劣防疫物资零容忍，严查，严打，重罚。医疗物资的质量安全直接关系人的生命健康，医疗物资出口中一旦出现质量问题，应认真调查，发现一起，查处一起，依法惩处，绝不姑息。

创新力观察：

口罩出口质量案例是责任保险课前的热身案例，一方面在提醒学生要关注时事新闻，另一方面要培养学生做人做事的责任感，对工作负责和未来所从事职业生产的产品和服务要加强质量管控，中国生产的口罩出口到海外体现了中国制造对世界各国的贡献，但不合格的产品也让国人蒙羞，因而真正的爱国，是要提供合格的"中国制造"，包括产品、服务、人才等。因此，此处可激发问题思维、用户思维、认真努力做事态度的责任感。小组11总结出了了解国际贸易规则、在国际贸易前要考虑法律风险等风险控制手段，分析出口的基本条件，启动了寻找答案的问题思维、协同思维。小组12提出了相应的惩罚措施对应控制口罩产品质量。两个小组都树立了产品责任的意识，并提出了相应的解决措施，但都没有太多出人意料的回答，虽然激发了相应的创新思维元素，但是并没有创造性的描述和想法展现。

> 划重点：价值观、人格、习惯行为的塑造要放在比专业知识更重要的位置，帮助学生成为一个具备良好的品德，树立起社会责任感、做事要认真负责，做人要讲诚信、有礼貌，有爱国情怀、有中国文化自信的意识，做一个对社会有用的人。

第 15 章　大学生创新能力的培育路径——打通"最后一公里"

在先前的章节中,我们已经从第二篇章的企业创新实践开始,通过案例分析后的梳理,再加上第三篇章创新人才的智力元素,主要是创新思维,以及创新人才的非智力元素,这里主要指创新的精神品质,本书将创新能力归结为 11 大能力,其中前 6 项为创新思维能力,后 5 项为创新精神,那么这些能力,应该如何培养,或从创新实践中总结出来的,或者说通过怎样的方法让学生能够习得,每一种能力都可以单独作为研究对象深入研究后,将研究成果应用在教学中,这里结合教育学中认知理论、建构主义、行为主义等来自心理学家、社会学家、人类学家、神经科学家、进化生物学家、哲学家、语言学家们对于人们如何学习的规律研究,尝试探索具体思维方式和人格特质的培养方法,以打通创新能力从认知到应用,从情感到理性的"最后一公里"。

15.1　创新思维维度

创新能力 1：观察思维

观察思维的培养是为了具备敏锐的洞察力,以帮助学生具备在未来发现问题、寻找机遇或是察觉危机和挑战等的基本能力。如何培养观察思维,这里列举几种常见的方法：

（1）求同思维

学会比较和识别相同之处,如从两段新闻中,把出现过的有关"在线教育受欢迎"的相同原因归类,理出中美贸易摩擦中,哪些是中美两国认同的共同利益(这一部分是有可能达成的)。

（2）求异思维

比较两种相同事物的不同之处，如从两张相似的图片中找出几处不同之处，从两个相似的案例中比较不同之处，从两种相似的商业模式中比较不同之处，比较双胞胎的不同之处等。

（3）逆向思维

逆向思维是指站在当下情境的对立面，即相反的方向去看待问题，反向思考和看待问题。这里举例一个曾给学生出练习题：结合当下的新冠疫情，请从衣、食、住、行、娱挑选其中之一，来谈谈如何不浪费一场危机，当一件不算太好的事情发生时，不要只看到劣势，要逆向思考想想，难道对所有人所有场景都是坏处，有没有什么提高了，比如对健康的重视，对公共卫生的重视，那么在生物医药领域产业投资很可能会加大，后续可以有相关的推断。

（4）发散思维

发散思维（图15-1）是由美国心理学家J.P.吉尔福特在《人类智力的本质》中提出来的，从流畅性、灵活性和独特性出发，提出从不同角度、不同层次、不同方向进行探索，从而提出新的解释原因、新的方法、新的结构，新的功能等，开放性是它的重要特征。如头脑风暴是较多使用的方法，比如请在白板纸上尽可能写出互联网的作用，穷尽所有能想到的点，把它写出来，尽可能地发散，通常在寻找思路初期用得比较多。

图15-1　发散思维

（5）收敛思维

收敛思维（图15-2）与发散思维刚好相反，它是把不同角度和不同层次的信息聚集在一起，进行组织和重整，是一种将开放状的信息转向相对集中的状态。比如在刚才发散思维之后，大家把所有跟学生有关的点聚集在一起归类，也就是现在焦点变成了互联网作用中与学生有关的所有信息，信息得到了聚集，这种方法在找问题、找特征、梳理观点时极其有效。

图 15-2　收敛思维

表 15-1　评价课堂是否有利于观察能力培养参考

评估工具	指标
教学目标	是否领会观察意识的重要,是否掌握观察的方法
教学过程	是否强调观察的重要 是否给予足够的观察方法指导 是否给予充分的观察时间 是否鼓励调动所有感官(听觉、视觉、嗅觉、直觉等)去观察
学生作品、作业	是否积极地观察、是否发现意料或异常事物

创新能力 2：问题思维

问题思维与观察思维其实是相辅相成的,有观察才能发现问题,发现不协调,发现不合理、不符合常规、不明确,进而有疑问,这里还是根据布鲁姆的 6 个不同层次的目标,从知道、理解、应用、分析、评估、创造出发探索如何提出有效的问题,这里以老年人和科技产品为例举例。

知道：从了解信息的角度提问题,比如问谁、什么时候、哪里,什么事情,定义,某件事名称或人名等,比如老年人的定义是什么,几岁可以被认定为老年人,科技产品是什么,老年人什么时候,在哪里可以用科技产品等。

理解：从了解原因、运行机制、能够描述某件事物等角度提问题,比如老年人为什么要用科技产品,他们怎样用科技产品,他们使用科技产品的场景有哪些等。

应用：将原理放在某个情境中去分析和使用的角度提问题,比如举例 10 个老年人和科技产品有关的场景。

分析：从区分和辨别不同特征、情境下等角度提问题,比如为什么有些老年人会用科技产品,而有的老年人不会用,并将老年人细分为几类。

评估:从为什么喜欢、为什么不喜欢、为什么采取 A 措施、为什么不采取 B 措施等不同视角去提问题,比如为什么老年人会使用电话功能,但不会使用微信的语音功能,为什么老年人会看抖音,但是不会使用其他类似手机视频软件等。

创造:创造一个新的事物,比如创造一个可以像电话功能一样方便使用的快捷键,点击之后可以打开微信的语音,方便老人像使用电话功能一样,在无限网络的基础下,可以使用微信语音功能。

表 15-2　评价课堂是否有利于问题意识和思维参考

评估工具	指标
教学目标	是否体会问题意识的重要,是否掌握提问的方法
教学过程	是否强调问题意识的重要 是否给予足够的提问方法指导(what,why,why not……) 是否引导问题到破坏性的范围内 是否有一个宽松的环境包容任何问题
学生作品、作业	是否体现出问题指向更深层次

创新能力 3：顺应时代的协同思维

这种能力反映出的特征就是与时俱进,而阅读、关注社会和联想是与时俱进的必备条件,阅读是保持大量的信息输入,联想是保持知识与应用场景的联系,其中最为重要的是保持阅读的习惯。马斯克在多次访谈和演讲中提到阅读习惯的重要性,2015 年,他接受邀请清华大学前经管学院院长钱颖一教授对话时,他分享读很多书,多做很多实验是他认为的学习的秘密。多读书,读纸质书,读电子书,大量的阅读之后,当时代有新的事物产生时,会马上用求异思维找到不同点,有新的发现。因而,只是读书还不够,应参与实践,积极了解外部世界的变化,通过书籍、音频、视频及其他新媒体方式知晓和理解这个世界的历史,现在和未来。而联想的能力和迁移能力有关,将在创新能力 4 中论述。

另一个与协同思维有关的就是与人合作思维和能力培养。这里的合作对象指的是同学、老师、家长、朋友等一切可以寻求帮助或获得支持的人和物,甚至可以是人工智能(AI)。同伴之间可以相互合作,相互鼓励,相互学习,使独立的个体创新在团队中有了支持的力量。很多时候,共同协作创造的结果优于独立思考,它会增强了学习目标感和信心,有效促进学习效果,应继续倡导小组学习、合作学习在课堂的应用活动中的作用,不能让"想有同伴和团队,但是团队成员很多时候没有各尽其职"情况发生。比如可采取"个人问责"等方式,强调个人在组织中应有的努力和付出,鼓励每个学生成为有责任感、可被信任、被需要的合作伙伴;再者,要量化责任感教育,无论是公共课还是专业课,尽量渗透在所有教程中。在小组结对前,强调责任感培养的学习目标,说明责任感的考评标准,引导学生积极看待责任感;最后,可树立典型榜样,让师生争做有责任感的合作伙伴,定期讨论、分享小组合作中的经验和体会,营造相互关爱的氛围,为创新提供最大支持。

创新能力 4：跨领域的迁移思维

跨领域的迁移思维本质上需要的是联想的能力,这里的跨领域包括时间、空间、条件、对象、学科等的跨界。克莱顿·克里斯坦森等在《创新的基因》中提到,如果能积极练习发问、观察、交际和实验,就可以练出善于"联系"的肌肉,因而可以说联系是最需要经常练习的能力。那如何联系呢,除了建立时间、空间、学科等之间的联系纽带,还可以有一些实用的建议。

一是要以建立与生活实践的联系为突破口,助推学生练就"联系"大脑肌肉。生活是最大最好的案例和项目集,鼓励学生用所学去解释、分析生活中的实例,以问题为导向和探究项目,将理论应用于真实的生活场景,解释、分析、评价,从而习得联系;教师方面,自身也要增加实践经验,去到企业挂职锻炼,考取相关的技术职务等,能够在设计教学活动的时候,有一个丰富的情境假设,企业人员也可以一同参与教学设计,让学生了解企业真实的问题,让学生体验、扮演、沉浸在模拟情境中分析和寻找解决企业问题的思路;通过实验室模拟、校外基地实践,线上线下互动学习,定期组织安排学生参观企业,接触第一线的行业信息,掌握最新动态,学生能够不断完善知识结构和经验,通过接触、分析、尝试解决企业真实的案例(就像硅谷和斯坦福);学生参加实践社团互动,以赛代学,积极鼓励学生参加创新创业大赛、创业计划、挑战杯、实践性强的学科竞赛,通过大量的实习实践营造创新的环境,积累丰富的案例和项目经验,真正的培育创新;最后,还是需要广泛大量的阅读,使得联系能够更广泛而深刻。

二是要重视音乐课、美术课、体育课等美育、体育等课程,让左右脑都能发挥出最大潜能。教学过程中掌控理性思维的左脑训练通常是为了研究已知的内在规律,而与直觉、情感相关联的右脑则常常左右着探索事物之间微妙的联系。剑桥大学三一学院门口,有一颗不大的苹果树,已经成为著名旅游景点,一个苹果从树上掉下来,普通人可能只是看到了"苹果树上掉下来一个苹果"这样一个事实,而牛顿则将这个苹果的掉落与其他一些信息联系起来,最终发现了万有引力定律。公开数据显示,1665 年,牛顿研究了音高、音阶和音色,留下了 10 页手稿,并且牛顿还首先提出了音乐与色彩的通感理论,算得上是创新者与音乐有关的一个人物案例。据说,爱因斯坦的相对论灵感也来自音乐,他本身也是小提琴的爱好者。因而,除了理性思维训练,为了进一步激发人的想象力和创造力,学校要提供和建构更多接触美育课程、体育课程的机会和氛围。

创新能力 5:工程思维

工程思维的落脚点在"工程",是以"解决问题"为核心的思维方式,给你一个问题你去找到一个解决方案,不管什么方式,只要能解决问题都是好的,目标指向培养学生解决复杂问题的综合能力和高级思维,特别强调"复合"和"应用"。所谓复合,即动用所有习得的跨学科知识,整合已具备各项能力和素质,集中力量解决一个问题,是知识、能力、素质的有机结合,并且能够理清各种相互作用,相互依存关系的能力,通常是非线性的一种多元视角思考方式,体现了一种系统思考的能力,在课程设置中设计综合性实验和课程模块,往往会助推学生复合型思维的生成;所谓应用,即是建立与现实生活的联系,运用工程思维发现和解决现实生活中的难题,积极参与社会实践,能够大大增加基于社会现实考虑问题的应用型思维,项目式、案例式、PBL 等教学方式非常适用于培养工科思维。另外,工科思维特别强调假设、验证等一系列流程,强调用数据说话,以事实为依据,对于培养数字素养和实事求是的精神也是大有好处,所以增加数字化与课程的融入,用数据分析问题、用数字化手段解决问题也是工科思维培养的常见方式。综上,以问题解决为目的,在教学中注重综合性、应用性、流程性、数字化是工科思维培养过程中的主要关注点。

创新能力 6：用户思维

用户思维,顾名思义是以用户视角看待问题的思维方式,其目标就是尽可能满足用户的需求并达成用户目标,从用户兴趣点、困难点、利益点出发,寻找在某一特定或不指定场景下根据不同用户的关注点,提供相应的解决方案。比如,金融专业的学生学习,第一,要想清楚未来的发展方向,是国内考研,出国,还是选择工作;第二,选定方向以后,对方的要求是什么,比如国内考研,目标学校的录取要求有哪些,笔试多少分数和排名能够进入下一轮面试,对个人素质的要求是哪些;第三,围绕着这些目标,这些目标其实是你的"用户"向你提出的,当你达成和谐目标时,"用户"就会选择你,出国、工作也是同样的思路。所以,用户思维大致可以总结成这么一个过程,明确对象用户,分析用户需求(兴趣点、困难点、利益点等),连接相应用户,提出匹配相应用户的解决方案,不断地实验和迭代开发,提升用户体验,完善解决方案。

15.2　创新精神维度

创新能力 7：好奇心

好奇心是对未知事物的探索倾向,是一切创新的起点。除了实施一些教学策略以外,鼓励和保护好奇心指向关注个体发展的真实需求,开展"以学生为中心"的个性化教育和实行导师制等方式是现阶段大学保护好奇心的重要选择,它不是传统教育模式的补充,而是日常教育的重要组成。特别是在"互联网 + 大数据 + 教育"时代下,教育部积极推进在线开放课程建设,鼓励师生用好各个线上平台,努力提高教学效果。线上平台的使用,留下了大量的学生学习行为数据,可供教师总结和分析每个学生的关注点、特长,形成学生画像,以便于采取一些助推学生好奇心激发的有效措施。另外,探索推行导师制度是重要的尝试和实践,比如对每个导师的性格、特长、科研方向等做一个分组,老师与学生双向选择,尽量让每个学生都有自己的导师甚至导师组,并且可针对学生产生的相应问题或需求，及时给予帮助解决。大数据和导师制都是为了挖掘学生的兴趣，帮助学生找寻自己，定位自己，规划自己，尽早发现创新点，以点带面挖掘创新力。

表 15-3　评价课堂是否有利于培养好奇心环境参考

评估工具	指标
教学目标	是否能够激发好奇心和求知欲
教学过程	是否鼓励倾听、表达、提问、质疑、挑战……
学生作品、作业	是否认为任何答案都是有趣的，学生是否对学习有疑问

创新能力 8：冒险精神

冒险精神、游戏精神是创新突破和持续的动力。挑战和试错是创新的基本路径，最终的落脚点主要还是在课堂。一是要在传统的体育课程中落实冒险精神、游戏精神的培养，体育课程在人才培养中的作用之一就是体育精神的培育，包括挑战、冒险、竞争、自我拓展等；二是探索开发培养冒险精神的课程，如北京十一学校开发了马术、击剑、滑雪、攀岩、射箭、独轮车、轮滑、飞盘等课程，取得了不错的效果，这一方式在大学同样适用，学校可根据学校场地情况，选择适合的项目，或与当地校外拓展基地合作，在保证安全的情况下，让学生得到真正的体验和锻炼；三是在实验实践类课程中强调试错精神的可贵。特别是实验课程，往往带有试探体验性质，如果学生能在实验过程中不怕犯错，敢于用不同的方法尝试，甚至是新的方法去实现实验目的，本身就是自我迭代更新，是一种勇于创新的表现。笔者所在高校的实践达到 48 个学分，已占到总学时的 30%，并且分布于每个学期，循序渐进地在实践课程中积聚试错、冒险的经验，将为创新打下扎实的基础。

表 15-4　评价课堂是否有利于培养冒险精神

评估工具	指标
教学目标	是否涉及冒险、挑战、自我拓展
教学过程	是否鼓励质疑、试错、挑战，并且对错误较为宽容
学生作品、作业	是否鼓励与众不同、天马行空、鼓励超出日常的答案

创新能力 9：专注力

专注力也意味着深度思考、学习和工作的能力，尽早掌握这项能力对大学生毕业后的工作中极为有利。在碎片化信息爆炸的当下，在竞争激烈的高阶领域，决胜的关键不仅在于知识的多寡、勤奋的程度，更在于是否具备深度思考的能力，通过专注力用深度思考链连接一切，是未来最有价值的认知升级与自我精进的模式，是最具竞争力的优势。

没效率的任务往往会降低办事情的能力，专注力本质上是一种精力管理，可以作为职业素养相关的课程让学生选修学习。同时，授课教师、班主任有意识地将专注力训练加入课堂教学和学生发展培养的过程中去。培养专注力大致分为以下三个步骤：第一，找到专注的目标，比如王同学先按重要程度排序，找到"在大四的时候拿到 ACCA 的证书"是她大学期间最重要的目标；第二，根据二八定律，将 80% 的精力尽量都投入这一个重要目标中，并限定好完成时间，有意识地从时间的角度迫使自己进入学习状态，尽量拒绝一切与目标无关，意义不大并且消耗时间精力的任务；第三，围绕目标设定的完成步骤尽量细化可度量，比如遵循"SMART"原理，S（specific）、M（measurable）、A（attainable）和（Realistic）。还是以上述案例举例，为了大四能考出 ACCA 证书，现在据考试还有多少个月，或者多少天，每天完成多少个考题测试或是单词记忆，定的目标是只要努力基本是可以实现的，一定要引入截止时间，在最初设定目标后就将目标细分，并标明好完成时间等。还有一些，也很管用，比如调整好生物钟，使自身有充足的精力可以持续投入；还有就是要注重反馈，复盘自己的行为，看看自己是否聚焦和专注。

创新能力 10：勤奋和努力

"天才"是训练的产物，要成为大师其实是有路径可循的，那就是刻意练习①。心理学家和科学家安德斯·艾利克森与罗伯特·普在他的畅销书《刻意练习》里告诉世人一个道理，我们平时如能运用刻意练习的原则，必将能跨越障碍，达到我们自己的目标。一万小时定律正是这种

---

① ［美］安德斯·艾利克森. 刻意练习：如何从新手到大师［M］. 北京：机械工业出版社，2016.

找准目标加坚持努力后最终突破定律。历史上有意识创新的重大发明，很多都是在无数次实验失败之后，最终获得成功并能够有发明创新，在无数次练习中，发现事物的规律，因而勤奋和努力是许多场景中创新发生的前提。这种创新能力培育基本有几个特点，一是发生在舒适区外，有一定难度，需要付出大量时间和精力才有可能成功，在教学中老师可以设定有一定工作量和难度的作业，以助推学生在通过努力后能够完成，这也能给学生增加成就感、自信心，激发出创新的热情，并深刻体会勤奋和努力的汇报；二是带有目的性的，低效无意义的勤奋和努力，不但不会带来成功，反而会消磨意志，迷失方向，逐渐丧失信息，因而找准方向是勤奋和努力的准备工作；三是及时跟踪反馈，复盘成果与目标的达成度，比如制定"To do list"，每次努力之后，根据效果来衡量与目标之间的差距，帮助找到突破口和方向，以确保努力的价值和可持续性。

表 15-5　评价课堂是否有利于引导学生勤奋和努力参考

评估工具	指标
教学目标	是否有清晰、明确且具体的任务和目标认识
教学过程	是否引导学生把注意力集中在学习任务上 ;是否刻意练习
学生作品、作业	教师是否给予及时准确的反馈，是否不在舒适区

创新能力 11 执行力

执行力，简单来说是指的是贯彻战略意图，完成预定目标的能力，关键在于确定目标后，设计达成目标的方案并且能够做到切实履行，没有执行力，创新就不可能推进和落地，高质量人才培养的关键在于目标与路径的达成度和完成度，且往往建立在推崇创新的理念之上。　培养和提高执行力，非常适合师生配合共同提升，可以从以下几方面着手第一，建立起"完成度"的意识，执行的意愿与态度是执行力实施的动力，要建立成果导向的文化，这需要师生共同的努力，比如一起建立课程学习目标完成清单，摆脱焦虑，建立自信等其次，执行力要跟得上创新的意识，执行的能力是执行力基础，学习如何制定合理的计划并改进执行方案和方法，学习时间管理、精力管理以持续提高执行力，比如利用 PDCA 循环法（即 Plan 计划、Do 执行、Check 检查、Act 处理）持续推进工作，学习如何抗干扰远离手机，反思过于追求完美的拖延等最后是重视执行系统的明确和清晰度,比如可检查项目实施过程是否兼顾系统性、流程化、明晰化、操作化,任务难度和完成时间是够安排得当,通过可视化、可量化系统提升执行力。

四个有必要点亮创新人才培养之路

本书聚焦于大学生能力培养,从人才培养—课堂—学习氛围—创新意识维度提出四个有必要利于创新人才培育一是有必要要把"创新型人才"培养的目标写入人才培养方案,并落实到教学大纲、授课计划,把"创新"渗透到所有教学环节中,包括教师的课程设计、备课、上课、课程考核等二是有必要多以探究式、启发式、讨论式的教学方法引导学生主动思考,理解、讨论、辩论、质疑、证明、评价、提出新观点等三是有必要营造轻松宽容的氛围,同样奖励尝试者而不仅仅是成功者,珍惜失败的宝贵经验,设立创新奖学金,鼓励不断尝试,嘉奖勇于挑战的学习者和教职人员四是有必要增强创新的危机意识和生存意识,增强创新的紧迫感和责任感。创新是人工智能时代下的生存法宝,未来的原本机械重复的工作都可能被人工智能所取代,只有创新才能不断创造新机会、新选择。

后　记

　　2021 年的年初,正是农历牛年春节,终于在绍兴的家里完成了《企业创新与大学生创新能力培养》的书稿,百感交集。2012 年,因为热爱教育事业,我从金融业辞职加入越秀教师大家庭。潜心教学,认真勤勉,一直从事一线教学工作。每每彷徨不知所措之时,就想到一本书,2020 年,我有幸被评为学校教坛新秀之时,我把对这本书的感想分享给了我的同行们——"我喜欢读《人类群星闪耀时》,它提醒我每个微小的瞬间可能影响一个人一生的命运。因此对待不朽的教育事业,要满怀敬畏,内心充盈,全心付出,生命就应该'浪费'在美好的事物上。"

　　2012 年至今,将近 10 个年头,除了辛勤的备课,大量广泛的阅读,笔耕不辍的写作(主要喜欢分析热点),我在想,如果要用一本书稿对十年的教学经验做一个总结,主题会是什么?思考主题过程反反复复,间间断断大致 2 年时间,加之我也被教学以外的系务工作搞得分身乏术,直到 2020 年初,新冠疫情爆发后,我基本想清楚我的第一本书,一定要写关于教学的书,而且是关于如何帮助学生应对不确定性能力的书,这种能力恰恰就是创新能力。于是,我动笔写作,几个月的时间,完成了我的书稿。

　　在这个过程中,由于家人的支持与鼓励,领导同事的指点和帮助,助推我不断挑战自我,不忘初心。平时与我孩子的互动交流,常常引发我对于教育的思考,在此过程中,也给予我很多写作的灵感,他们所有人都对这本书有贡献。当然也感谢我自己,感谢自己的坚持,感谢自己对美好事物向往的那份纯真和勇敢。

　　期待下一个十年!

徐　丽

2021 年 2 月于绍兴

参考文献

[1][美]彼得·德鲁克.创新与企业家精神[M].北京：机械工业出版社,2019.

[2][美]米哈尔·希斯赞森米哈里伊.创造力：心流与创新心理学[M].杭州：浙江人民出版社,2015.

[3]董景荣.技术创新扩散的理论、方法与实践[M].北京：科学出版社,2009.

[4]中国电子信息产业发展研究院（赛迪集团）.美国制造创新研究院解读[M].北京：电子工业出版社,2018.

[5]清华管理评论.互联网时代的企业创新[M].北京：清华大学出版社,2017.

[6][英]玛丽安娜·马祖卡托.创新型政府：构建公共与私人部门共生共赢关系[M].北京：中信出版集团,2019.

[7][美]拉斯·特维德.创新力社会[M].王佩译.北京：中信出版集团,2017.

[8][美]加里·皮萨诺.变革性创新[M].北京：中信出版集团,2019.

[9]斯凯恩.从零开始读懂金融学[M].上海：立信会计出版社,2014.

[10]哈佛商业评论.创新的残酷面（《哈佛商业评论》）[M].杭州：浙江出版联合集团,2019.

[11][美]Michele Hunt（米歇尔·亨特）.创新变革：做创造更大利益的造梦者[M].北京：电子工业出版社,2018.

[12]哈米什·麦肯齐（Hamish McKenzie）.斯拉传：实现不可能[M].北京：中信出版集团股份有限公司,2019.

[13]汪丁丁.行为经济学讲义[M].上海：上海人民出版社,2011.

[14]（英）克里斯坦森,（加）雷纳.创新者的解答 [M].北京：中信出版社,2013.

[15] 迈克尔·莫(Michael Moe).全球科技创新路线图 [M].郝杰译.北京：中信出版集团股份有限公司,2020.

[16][美] 谢德荪.重新定义创新 [M].北京：中信出版集团,2016.

[17] 亚当·摩根,马克·巴登.逆向创新 [M].柴婉玲译.长沙：湖南文艺出版社,2019.

[18][美] 阿什利·万斯(Ashlee Vance).硅谷钢铁侠：埃隆·马斯克的冒险人生 [M].周恒星,罗庆朗译.北京：中信出版集团,2016.

[19] 陈清泰.创新与产业升级 [M].北京：中信出版集团,2018.

[20] 潘光,汪舒明.以色列：一个国家的创新成功之路 [M].上海：上海交通大学出版社,2018.

[21][美] 艾克奈恩·戈德堡.创新大脑 [M].北京：中信出版社,2019.

[22] 杨旸.创新简史：从石斧到爆品 [M].北京：九州出版社,2017.

[23][澳] 杰伊·哈曼.创新启示：大自然激发的灵感与创意 [M].北京：中信出版社,2015.

[24][美] 史蒂文·克莱珀.创新的演化 [M].南昌：江西人民出版社,2018.

[25][日] 野中郁次郎,[日] 胜见明.创新的本质 [M].北京：人民邮电出版社,2020.

[26] 谢小庆.创新学习新思维：21 世纪核心职业胜任力 [M] 北京：清华大学出版社,2017.

[27][美] 斯蒂芬·温克尔,[美] 杰茜卡·沃特曼,[美] 戴维·法伯.创新者的路径 [M] .北京：中信出版社,2019.

[28][美] 埃里克·冯·希佩尔.大众创新：免费创新如何推动商业未来 [M] .北京：中信出版社,2017.

[29][美] 黛博拉·佩里·皮肖内,[英] 戴维·克劳利.创新在于人,而不是产品：硅谷的人才秘密 [M].北京：中信出版社,2019.

[30] 周红云.社会管理创新 [M].北京：中央编辑出版社,2013.

[31][美] 马歇尔·卢森堡.非暴力沟通 [M].北京：华夏出版社,2009.

[32][美] 克莱顿·克里斯坦森.创新者的任务 [M].北京：中信出

版集团,2019.

[33][美]安德斯·艾利克森.刻意练习:如何从新手到大师[M].北京:机械工业出版社,2016.

[34][美]克莱顿·克里斯坦森.创新者的窘境[M].北京:中信出版社,2016.

[35][美]汤姆·凯利,[美]乔纳森·利特曼.创新的艺术[M].北京:中信出版社,2013.

[36][美]纳西姆·尼古拉斯·塔勒布.黑天鹅[M].北京:中信出版社,2019.

[37]陈立群.我的教育主张[M].上海:华东师范大学出版社,2015.

[38][美]萨尔曼·可汗(Salman Khan).翻转课堂的可汗学院:互联时代的教育革命[M].杭州:浙江人民出版社,2014.

[39][美]艾克纳恩·戈德堡.创新大脑[M].北京:中信出版集团,2019.

[40]林崇德.创造性心理学[M].北京:北京师范大学出版社,2019.

[41]彭志强,陈勇.低成本创新[M].北京:中信出版集团,2017.

[42][美]伊冯·乔伊纳德.冲浪板上的公司[M].杭州:浙江人民出版社,2017.